バトルを勝ち抜いてきたMCたちのリアルHIPHOP

MCバトル全書

漢 a.k.a. GAMI 監修

目次

ヒップホップを
アンダーグラウンドから
押し上げたハスラー
MC漢のヒップホップドリーム！

MC漢 独占インタビュー!!

『B BOY PARK』〜『フリースタイルダンジョン』まで
新宿ストリート発 MCバトルのリアル

今やヘッズのみならず、
大衆に認知されたMCバトル。
『高校生RAP選手権』や
『フリースタイルダンジョン』などの
メディア発信によって
一気にその認知度はあがった。
元を辿れば1990年代末、
アンダーグラウンドな
ストリートカルチャーの一端であった
MCバトルは
どのようにしてここまで成り上がったのか。
『B BOY PARK』からはじまり、
全国展開のMCバトル『UMB』を企画し、
現在、真の日本一を決める大会
『KING OF KINGS』を主宰
新宿ストリート発の
ラッパーMC漢に話を聞いた。

喧嘩上等のラップバトルから競技バトルに変わるまで

マイクジャックでバトルを乗っとる

MC漢　『B BOY PARK』の前（90年代末）に大会って形式はほとんどなかったかな。ワンデイトーナメントみたいなのは、たまにあったけど。ちょっとマニアックな感じの渋谷の『FAMILY』※1とかでやるような小規模なやつだね。一応大会になってて、いわゆるフリースタイルをやるだけのオープンマイクではない勝者を決めるようなイベントに2回くらいは行ってる。

今と違ってエントリー制ではなくて、もう出る奴は決まってるんで、そこに『妄走族』とか俺らが乗り込んでいくっていうような感じかな。エントリーをとってっていう形は『B BOY PARK』からだけど、MCバトル自体はあった。

※1 FAMILY 渋谷にある『club bar Family』。小規模ながらHipHopとBlackmusicを基軸とした老舗。

２０００年前後は、もうマイクバトルの延長上で、限りなく喧嘩に近い掴み合いをしながらのバトルがしょっちゅうあったね。まぁ、当時はルールなんてろくになかったから、なんかあれば喧嘩になるっていうのが割と普通だった。オープンマイクの時間に、マイクジャックっていって乗っとる時もあったし、ライブで人が入ってるのにイケてねーなって時は、乗っとっちゃってたね。まぁ、〝輩〟な雰囲気のイベントだと割とそうなる。

なんかポップで平和なところに行ってそんなことやっても意味ないから、ある程度似たり寄ったりのストリートな感じが強いとそういう感じになったね。

まぁ、マイクジャックされるような奴らだから、今名前が知られてるような有名なのはいないですけど、『妄走族』ともなると結構メジャーどころのマイクジャックをしたね。一番でかいのは、『ウータン・クラン』※2らしいよ（笑）。俺は見てないけど、まぁ般若が川崎チッタに来日した『ウータン・クラン』のライブ行ってジャックしたっていうのは話題になってた。

当時は、どこかでMCバトルがあるらしいよってジャックしに行ったら、同時タイミングくらいで般若とKENTA5RASがジャックするみたいなことはあった。

そういう時に「おー、久しぶりー」って喋ったりしたね。それまでは高校の学園祭くらいでちょっと見かけたぐらいだったんだけど。まだ妄走族やる前のRUMIとDJ BAKUと三人で『般若』って名前のユニットやってた頃だね。

般若は、『妄走族』時代はハードコアな感じでゴリッとしてたけど、クールな時もあったよ。まぁでも、世田谷渋谷のヤンキー系のイメージではあった。でも、いわゆる武闘派な奴は『妄走族』でも別でいたから。

※2 ウータン・クラン 米国の大御所ヒップホップグループ『Wu-Tang Clan』。メンバーが映画『キル・ビル』の音楽などを担当。

マイクジャックを繰り返した『MSC』時代。

般若はラップが上手くてそういうヤンキー乗りもあるっていう感じだったよね。

　でもラップやってる奴で、いきなり手をあげるっていうような奴も山仁※3っていう例外を除いていなかったかもしれない。

　それで、噂で『B BOY PARK』っていうMCバトルのでっかい大会があるって聞いて、その大会で連続優勝してるのがKREVAだった。

　当時『FG NIGHT』※4っていう『FAMILY』でやってた『KICK THE CAN CREW』と『MELLOW YELLOW』とか『RIP SLYME』とかあたりがやってたイベントがあって。意外に思われるかもしれないけど、俺は普通に客として行ってたりとかしてた。なんでかって言ったら、そいつらが最後にやるオープンマイクが、結構いい感じだったんだよ。

　でも一方で、あの言葉ひっくり返してそれで面白いでしょってやってるだけのKREVAが優勝2回もしてんのかっていうのを知ったから、俺も自分のフリースタイルに自信ついてきた頃だったから、全然勝てるし、優勝だろうって感じで2001年にはじめてエントリーした。

　結局2回戦でKREVAと対戦して、負けてる気はしなかったんだけど、ダメだったね。でも、KREVAが2連覇してることもあって、選ばれた16人のうちのKREVAスタイルじゃないのが俺を含め3人しかいないみたいになってたんで、そう言う意味では自分はわかって違うようにやってたし、それなりに印象は残せてたんじゃないかな。

　当時、KREVAスタイルっていうのがもう教科書みたいにフリースタイルのお手本みたいになっちゃってたんで、俺は真似するつもりもないし、カッコいい

※3 山仁 町田を拠点にしたヒップホップバンド『Loop Junktion』のメンバー。

※4 FG NIGHT RHYMESTER、EAST END、RIP SLYME、KICK THE CAN CREW、MELLOW YELLOWを中心にしたヒップホップコミュニティ『FUNKY GRAMMAR UNIT』が開催していたイベント。

当時はバトルをしてたらリアルな喧嘩になることは当然

とも思ってなかった。アンダーグラウンドのシーンでは、自分たちのオリジナルスタイルで日本語ラップをやってスキルの高いことに挑戦してる奴らはすでにいたからね。

ただ、KREVAスタイルが当たり前になってしまっているから、他のスタイルを受け入れるのも難しいし、俺らも明確にわかりやすいスタイルを提示しているわけでもないから、玄人好みというか少しマニアックな見方をしないとわからないのかもしれないっていうのはあった。でも、そういう自分のスタイルを確立している奴の一人に般若がいた。

その般若と2002年に決勝で戦って優勝したことによってちょっと流れが一気に変わった感じはあったような気がする。

その時は、ルールも何小節とかじゃなくて1分間で、音も止まって相手のターンなんていう感じだった。そういうのはのちに『UMB』で俺がやる時に変えていったんだけど。間空けないでターンするとか、マイクリレーするようにやるとかね。その方が絶対やってる方も見てる方も気持ちいいと思ったから。

でも、結局その翌年の2003年に『B BOY PARK』のMCバトルで般若とFORKのバトルとか、俺のバトルでの揉め事もあって一回『B BOY PARK』でのMCバトルはなくなるんだよ。※5

まぁ、現場の問題も多少あったと思うよ。ストリート的な話で言うと、MCバトルっていうことをやってたら当然あるよねっていうことに対応しきれなかった。

イベント側も予期してなかったのかもしれないけど、やってる俺らとしたらそりゃリアルな喧嘩になりかねないこともあるでしょ、みたいな雰囲気は現場にいればある。若いしね、みんな。

別にラッパー同士に因縁があるとかでもなく、単純にこの判定おかしいでしょっていうことだけなんだけど。般若の時はちょうどシングルの発売が決まってて、シナリオ的にも『B BOY PARK』で優勝して、CDもその次の日に出るからっていうのもあったし、仲間の連中もどうにかそのレールに乗せてやりたかったっていうのもあったんじゃないの。

審査員判定しかないからそもそもそれに不満が募ってて「今のおかしくね？ 審査員じゃなくて客に聞いてみてくれ！」っていうのも彼ら的にあったんだと思う。そこで審査員も客に聞くんだけど、結局FORKの勝ちになるんだよね。

当然、FORKを心配した『ICE BAHN』の面々も入ってきて『妄走族』の方もメンバーじゃないヤバい感じの〝輩〟もいない？ みたいな感じにな

※5 2003年の事件 2003年の『B BOY PARK』の般若とFORKのバトルでFORKが勝利した試合。判定を不服とした妄走族のメンバーがステージをジャックして観客による再判定を要求。一触即発の様相を呈し、結果はやはりFORKの勝利となったものの、その後バトルは一時中断、翌年の開催は見送られた。

って。その時点でもう雰囲気はおかしい感じになってたんだよ。

そこだけ大きな話になってるけど、当時はバトルをやればしょっちゅうそういう感じになってたし、さっきも言ったように『妄走族』とか俺らはステージジャックするのが割と日常だったりもしたから。俺なんか優勝したあととかなんか、「オラァッ‼」みたいな感じで喧嘩腰で入って来るのはよくあって、止めに入るためのスタッフがいつもいるというようなことがあったよ。ステージに乱入してくる奴もいたし、その中でちょっとコミュニケーションが下手な奴とか不器用な奴だと、こっちはもっと不器用だから喧嘩になって血を見ることもあったよ。それは全国をまわってもずっと何年間かそうだった。それを当時は楽しんでたね。まぁ、今のクラブシーンには多分ない現象かな。それがいい悪いは関係なく。

それで、次の年に『B BOY PARK』ではバトルをやらないっていう話もあって、当時『Libra』で働いてて、俺らのマネージャーをやってた中学からの同級生のMUSSOって奴がいて。MUSSOが「自分の力を試したいからイベントをやってみたい」って言い出して、そんなやったこともないのに大丈夫かよっていうことで、俺も手伝うってことになった。それで俺はMCバトルに優勝してたからMCバトルやろうぜってことになったんだよ。2人でアイディアを出して俺の名前でラップバトルやればいろんな奴が来るんじゃねーのって話をしてた。

それを見てたMEZAってデザインとかやってた奴が凄い企画書つくってきて、それで『UMB』になった。その前に実は前身となる『お黙り!ラップ道場』っていうのもすでにやってて、俺とかMASTERでふざけた感じで名前つ

けて新宿の『HooP』ってところでやってた。

その時は『P-VINE』の佐藤さん※6に赤字にならないようにっていうことで、アンダーグラウンドの面白い人とかを呼んでくれって頼んで、そいつらにその中でバトル出る奴は出てもらって、ショーケースはショーケースでやってた。エントリーも2000円取ってたね。多分エントリー費取ってやりはじめたのも俺らがはじめてじゃないかな。

俺のイメージでは、2000円払えばマイク一本で夢の片道切符を平等に手にできるっていう考えだった。ルールも8小節の2ターンとか、16小節の2ターンとかにしてもうすでに今の『UMB』の下地みたいなものになってたね。既存のものをただやるんじゃなくて、MCのプレイヤーたちが一番やりやすかったり、プレイヤーたちが一番求めるルールは、どれだけリアルに即興性で競い合うかっていうことだと思ってたから、それを具現化していった。だから、間空けたりするのっていうのとかは、絶対考える時間あるから後攻有利じゃんっていうことになってしまうので、極力取り除いて。日頃やってるマイクリレーっていうのは小節数言われなくても言って言われて自然とやってるわけだから、そっちの方が絶対いいよってことにもなった。どれだけ言い訳できないルールになるかっていうのを研ぎ澄ましていこうっていうのはあったね。

アメリカなんかだと未だに1分でターン一回ずつ止めてやってるみたいだけど。

後攻が有利になっちゃうから先攻にビート選択権を与えたりとか。先攻がルール決めできるよとか。なるべく平等になる方法を考えた。

判定方法も『お黙り!ラップ道場』は客判定とプロのA&Rとかバイヤー、ラ

※6『P-VINE』佐藤さん『MSC』や『韻踏合組合』を見出した名A&R・ディレクターの佐藤将。

どれだけ言い訳できないルールに研ぎ澄ましていくか

ッパーによる2ジャッジ制。『UMB』は初年度から客判定と客からランダムに選ばれた陪審員で判定するようにしたんだ。

それで、段々『UMB』も大きくなっていってダースレイダーが『3 on 3』とかやりはじめて、それ以降は各地ではじまっていった感じだね。

そのあとビートボックスをやる太華くんが『MSC』に入ってきて「予選は都道府県全箇所でやりましょう」みたいな話になって、さらにどんどん広がっていった。

そういう中で大阪の『韻踏合組合』はデビューの時のレーベルメイトだったから、韻踏とは結構仲良くやってた。あいつらは西の俺らみたいな感じだったから、大阪の方ではあいつらがバトルの方でも『ENTER』とかやるようになってたね。

ダースレイダーがやってた『3 on 3』も出てたよ。一緒に何かをつくるようなことはまだないんだけど、バトルはやってた。まぁ、ダースみたいなナードなタイプでもストリートなサグ野郎でも、ラップに自信がある奴はオープンマイクなんかで上がってくるから、ナードとかストリートとか、あんまり関係ないよね。文化系の奴とか頭良さそうな奴でもラップさえ上手けりゃ全然認めるし「おー、おもしれーや」みたいになってたよ。

だから、途中からはよく『ダメレコ』※7とよくオープンマイクで戦ってたね。あいつらも手出されないと思って何でも言ってくるんで。たまに向こうに手だされたりとかしてね。そんな感じで交ざっていくようになって、そういう所であいつらに安心感を与えたところはあるかもね。俺ら3人対向こうは十何人とかでやったりしてたよ。そういう風になっていったのはちょうど2004年以降ぐらいかな？　確か『お黙り』1回目に優

※7　ダメレコ　Da.Me.Records。ダースレイダーが主宰するレコードレーベル。当初はMETEORや環ROYと設立。KEN THE 390など人気ラッパーの音源を多数輩出。

『3on3』バトルでダースレイダーとバトル。

ナードな奴もサグ野郎もラップさえ上手けりゃ認めるよ

勝してるのはナード系のCANDLEって外人21瞑想と同じレーベルの奴なんだよ。俺みたいなストリート系の奴より、大学行ってるような奴の方が途中からは増えていってたような気がする。

まぁ、ただ何でも言っていい訳じゃねーぞっていうのをたまに学ばせたりとかっていうのはあった。特に東北とか九州なんかは、遠征に行くと〝新宿のMSC〟っていうだけで絡んでくるような連中も相変わらずいたからね。そういうことがあっても基本ラップの力で全部わからせていく。ラップのスキルとウ●ードでわからすんだよ。実際、黙っていく感じが成り立ってたね。ヒップホップやってたら持ってるウ●ードの良さで大体どんな奴も納得するっていうのはあるよ。

もう本当に『B BOY PARK』に優勝してからは挑んでくる奴が多かったね。別にバトルでじゃなくて、ストリートとかでもいきなり来るし。「バカか!」っていう時もあれば、ガッツリ浴びせる時もあったし。なんか優勝したりしてると、断ったらいけないのかもみたいなのもあるし、勝手に義務感みたいなのも出ちゃうし。今思えばガン無視してりゃよかったって思うよ。「お前危ない奴だな」って。結局、一緒になって危ない奴になってたよね。1年か2年くらいやって自信ついてくるとやりたくなるんだと思うんだよ。それでマナー違反だったりするとパンチで返すなんてこともあるんだけど。まぁ、それはそれで相手もそれでわかるっていうか。あることないこと言われると喧嘩になっちゃうからね。後攻の後半とかの言い返せないタイミングでそういうことやってくる奴はあり得ないってことなんだよ。

その辺のストリート的なルールは、だいぶなくなっているけど、一部でいまだにやってくれている奴らもいなくはないよ。

そんな感じで、『UMB』をきっかけに日本のMCバトルは盛り上がっていったんだけど、ご存じのように『Libra』の社長とのそれこそ別の意味でのルール違反をきっかけにしたいざこざ※8の果てに元の『UMB』をつくった主要メンバーは全員『Libra』を抜けて、俺はその一部の仲間と9sariGroupをつくった。版権の問題とかいろんな理由で、結果的に『UMB』を9sariで行うことはできなかったけど、もうそれに関しての問題は決着したし、それはそれでもういいと今は思ってる。

それでも『UMB』とはまったく差別化した大会として『KING OF KINGS』を考えた。こんだけたくさんの大会があって、どれが日本一なんだよっていうのを決める大会にしようということでやってる。そこはもう優勝する奴はスター性がないとおかしいし、無理やりにでもそのスター性をつけさせない

※8 UMBにまつわるいざこざ 2015年 漢 a.k.a. GAMIが当時所属していた『Libra』レコーズの社長と金銭と暴力に関するトラブルを元に公然と“ビーフ”を宣言。漢は『Libra』を抜けて『9sari GROUP』を設立。

『DOMMUNE』にて鎖グループ結成を宣言。

といけないと思ってるね。ある程度はこっちも優勝してから3ヵ月はサポートするよとかね。

そういう意味では『UMB』は優勝してもラッパーとしてのサポートがないから、そこから育っていきにくいような流れがあって、それはもったないっていうのがあったから、変えていきたいっていうのはあるんだよ。

それで、ちょうどネット配信でもいろいろ動き出してる頃に『フリースタイルダンジョン』の話がきた。まぁ、モンスターでも審査員でも宣伝っていう意味ではテレビはデカイし。やってると反響はデカい。

最初は、ダースレイダーにこんなのがあるよって話がきて「何で俺誘われてないの?」ってダースに言ってて。そしたら「じゃあ、やる?」みたいな感じだった。それでダースレイダーづてにZeebraさんが「漢だったら是非やってもらいてーよ」みたいな感じで言ってもらえて「やりまーす」みたいな感じになった。

『ダンジョン』のキツいところは、いわゆるMCバトルと違って向こうはもう完全にこっちの情報は知っていて、こっちは誰だかわからないような奴に来られて「後攻!」とか言われるとマジ持ってかれる。普通にお前がチャレンジャーだったら先攻でしょって思うんだけど、ちょっとスタートがおかしいんだよ。そっちが喧嘩売ってきてんのに何で後攻なんだよってなるんだよ。「モンスター召喚!」みたいにやってチャレンジャーも「今日はモンスターにいろいろ教えてやりますよ」みたいに言ってんのに「後攻!」って何だよっていうね。

あれは本当に、紹介ビデオ以外何の情報もないんで、基本その時に誰が出るかわかる感じだったし。それでも、DOTAMAなんかは物凄く研究してデー

昨今は、各大会の審査員として活動することも多い。

タをくれるんだけど、それはそれでそんなにいらねーしっていうのもあって。ラッパーで現場でパソコンを出してカチャカチャやってるのは、KEN THE 390とDOTAMAくらいだよ。KEN THE 390はなんか仕事してるだけだと思うんだけど。まぁ、でもあれでそれなりに勝つからデータも馬鹿にできねーなっていうのはあるけど。そういう意味ではモンスターとしては心強いっていうのはあったね。

　昔はそういう相手の攻略法みたいなのを考えて、ここをディスればいいみたいなのがあったけど、今は仲良くなっちゃってるのも多いんだよ。当時は、あんまり仲良くなってないし、ゴリッともいけるし、簡単な話、嫌な奴でもいいっていうのがあったけど、何度か交流してると段々と嫌な奴にできないんだよ。そうするとちょっとバトルもノンリアルになってきちゃうのはあるね。

　そういう意味では最近ディスるっていうより、なんかよくわかんないけど一生懸命なら勝ちみたいになる時があるんだけど、俺はそういうのは嫌なんだよね。そういう頑張ってデカイ声出せば勝ちみたいな風潮はやめてほしいよ。韻を踏むなり、クールに勝つなりいろんなバランスがあってほしいなっていうのはある。

　いろいろ変わってきてるけど、MCバトルを通じてヒップホップが認知されるのはいいことだし、もう単なる流行りじゃなくて、根付いてきてるんじゃないかなっていうのは感じるね。でも、一方でバトルが好きなだけで、ラッパーになりたいわけじゃないっていう奴も今は多い。現状のビジネス的に言うと、音源なりライブをやらないとラッパーとして食ってはいけないから、その辺はやっていくうちにわかっていくんだろうけど、基本はラッパーのプロ

コアなヒップホップをやる日本語ラップスターが必要

モーション活動になるものでいいと俺は思ってるんだよね。バトルの先のビジョンを持つことは大事。

　今後のことでいうとラッパーのスターが出てこないとバトルすら意味がないと思うんで、ちゃんとコアなヒップホップをやるような国民的日本語ラップスターが誕生してこないといけない。だから興味があったらとりあえず口ずさんでやってみなよっていうのはあるね。そうなる下地みたいなものはつくってきたっていう自負はあるし、今や主婦とか近所の婆さんがＭＣバトルをテレビで見て、ヒップホップを知ってるような時代になってきてるから、やってみて損はないよ。やりたいことなくてもラップならすぐできるよとか、まぁ、やりたいことあってもやっといて損はないよっていうことだよ。そしたらもしかしたらスターになるかもよっていう綺麗事に近いものはあるよ。２０００円出したくらいでそうなれるチャンスがあるんだから。

『KING OF KINGS』本選。

紙上バトル勃発!?

MC漢vs般若対談

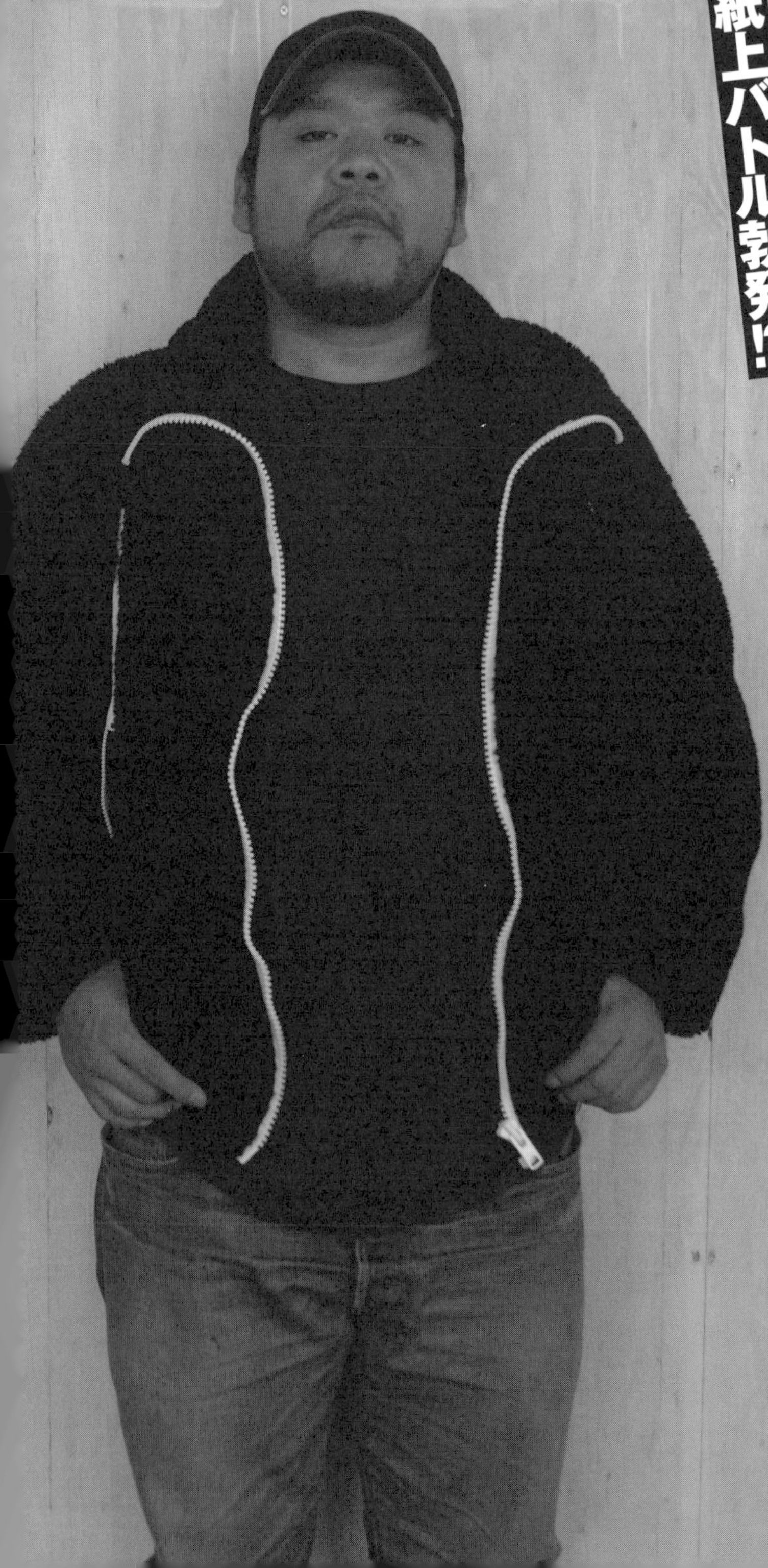

1990年代末、リアルストリート系
ラップグループの草分け的存在だった
新宿の『MSC』と三軒茶屋の『妄走族』。
クラブでマイクジャックを行い、
ステージを乗っとるという
先鋭的なパフォーマンスを行っていた
2つのグループの
中心的存在である般若とMC漢が、
本邦初とも言える
“あの時”の出来事
をあますところなく語った。
『B BOY PARK』『UMB』
『フリースタイルダンジョン』
MCバトルを語る上で欠かせない
ビッグイベントに
深く関わってきた2人が
その本音を口にした。

『B BOY PARK』での数多の出来事から『フリースタイルダンジョン』の裏側まで

やれる場所がないから“カチコミ”してた

──漢さんと般若さんが知り合ったのは高校時代と聞いていますが、お互いどんな認識だったんですか?

漢　高校時代になっちゃうと、ほとんど一方的にこいつがYOSHIって奴だって知ってた感じだね。『般若』ってユニットでやってた頃だよ。

般若　当時やれる所があんまりなくて、文化祭とかだよね。他にもあんまりやれる場所がいっぱいはなかったから行ける場所にはほとんど行ってた。誰かがパーティをやって、そこに行くぐらいな感じ。

漢　ユニットの『般若』を見たことがあったわけじゃなくて、フリースタイルで一人でやってるのを見たことがあったんだよ。

般若　曲もなかったしね。

漢　他の奴とだいぶ違ってたし、クールだなぁって思ってたよ。そのあとにお互い活動がはじまって、そしたらまた雰囲気が変わってて、もう『妄走族』でCD出す前くらいかな。ロンゲのツーブロックで革ジャン時代だよ。

般若　ははは!

漢　その時に六本木かどこかのMCバトルにマイクジャックに行ったら同じタイミングで般若とKENTA5RASがステージに上がってきて、オープンマイクみたいな感じで3人でフリースタイルしたんだよ。そのあとに「ひさしぶり」みたいな感じで「俺今『妄走族』ってグループやってるから」って話になったりする感じだったね。それで、今はこういうグループでゴリッとやってんだってわかる感じだよ。

──当時って割とみんなマイクジャックとかするようなことが多かったんですか?

般若　いや、俺ら以外そんなにいなかったんじゃないかな(笑)。

漢　まぁ、いなくはないけど、ほとんどいないかな。

般若　なんかそういうことがしたくてやってたわけでもなくて、ちゃんとやれる場所がなくてやってた感じだった。

漢　『妄走族』は確か自分たちの円盤を持ってきてやらせろよって感じだったよね。

般若　そうだね。俺ら評判悪い方だったんで、とりあえず有名な人たちが終わったあとにとっちゃえばいいじゃんっていう考えだったんですよ。やる場所もなかっ

たんで。もう原付とかに免許証隠して、身分がこれでわからないから大丈夫でしょ、という感じでカチコミに行くんすよ。

漢 その辺が僕と違うんですよ、邪悪さが（笑）。

般若 ははは！

漢 まぁ、俺らなんかは小箱ジャックをやるぐらいなんだけど、般若たちなんかは結構有名なちょっとラップやるっぽいメジャーな『麻波25』ってロックバンドとか、チッタに来日した『ウータン・クラン』までやってますからね。

般若 チッタは、殴られましたね、セキュリティに（笑）。

漢 まぁ、ステージは立ったらしい、今回は早かったらしいよ、みたいな話は都市伝説みたいに聞いてた。俺はできないけどね。俺らはこんな奴らなら俺らの方がうまいだろっていうぐらいのことでやってたから。まぁでも、『妄走族』はそんなスタンスで『B BOY PARK』とかでも自分たちのスタンスを見つけていくんですけど。

般若 それを当時どシラフでやってますからね。ヤバい奴と思われてもしょうがないですよね。

漢 もうアメリカのヒップホップみたいなのをやってる奴からしたら理解するのに時間かかりますよ。もう本当に暴走族のような奴らが、バイクをブンブンやってクラブに来るわけだから。どいつがラッパーなんだ？　って感じですよ。

般若 まぁ、俺以外は暴走族だったんだよ、ほとんど。そういう世代だからしょうがないんですよ。でも、暴力的なことっていうのは全然考えてなかったですよ。ただ、ステージを乗っとってライブがしたいっていうだけで。

漢 ただブルってるヤツがいたっていうだけだよね。今はあんましいないですよね。現場レベルで多少あるのかもしれないですけど。今いたらカッコいいけどね。いきなりジャックしてスゲーカッコいいじゃんってなるけどね。

般若 まぁ、必死だったっすね。

――でも、そういうスタイルだと、知らないところに乗り込む感じだから自分たちのファンはそこにはいないわけですよね。

般若 ほとんどそうなるとアウェーに乗り込んで、一人でも二人でもファンが作れればいいという考えでやってるんですよ。

漢 俺が『Grand Mind』ってやってる時に、その中心的リーダーのKAMEN-Bってヤツが、グループの『般若』をやってる時代から般若とバチバチで、ある日MCバトルかなんかでマイクで殴られて、さらに外野からも殴られて流血してましたからね。

般若 少なからずそういうのはありましたね。個性が強かったんじゃないすかね。

漢 まだ、ルールもなくて競技になってない時代だよね。

漢「マイクジャックやる奴は多分俺らくらいじゃなかったかな」

般若がその名を世に知らしめた『NIGHT FLIGHT』のデモテープ

般若　僕はそういうルールみたいなものはわからないまま、早い段階でやめちゃったんで。1回2008年に『UMB』は挑戦してるんですけど、そこから『フリースタイルダンジョン』まで音楽活動はやってたし、フリースタイルはやってたけど、バトルは関わってないんですよね。

漢　今はもう道端でバトルになったとしても本当に遊びのルールというか、8小節ずつに言ってなくてもなっちゃうというか。もうその型が歌いやすいひとつのルールになってるだろうし、僕らはもうその型にもハマってない時代だからね。本当自由で、やりたい奴は結構長くやっちゃったり、それでも盛り上がり続ければいいっていうか。そういう意味ではもう今完成されてるよ。それがいい悪いは別にしてね。

般若　本当にすごくうまい人が普通に増えてますね。

漢　いつの間にかだよね。一瞬どこかにタイムトラベルしたんじゃないかっていうくらいだよ。

般若　僕、『ダンジョン』の時とか、彼は今なんて言ったの？　っていうくらい早口でわからない時とかあった。

漢　いや、いよいよかってくらい、ちょっとわかんないからルール教えてよって時もあったし。俺は馬鹿なのか？　って思う時もあるよ。なんか小難しいこと言ってるなって思ったらゲームとかアニメの話とかだったりするからね。

――当時は、あんまりナードなラッパーはいなかったですか？

漢　いたけど、凄いうまかったり、キャラが立ってたりすると普通にストリート系と溶け込んでたけど。悪霊※1って奴とか。

般若　あいつはマジでヤバいから。

漢　別に不良でもねーし、ナードでもねーけど、なんか左翼的思想が強いわけわかんねー奴。でも、際立ってて、堂々としてるし「俺は俺の世界だから」っていうのがあって。全然一緒にイベントとか出てたし。

――般若さんは、『B BOY PARK』がはじまった当時の2000年前後の当時、草バトルに出たりとかもしてたんですか？

般若　そうですね。『FAMILY』とかでやってたようなバトルに出て、負けたりしてましたね。もう僕、最初フリースタイルしかできないような感じだったんですよ。むしろ曲書けなかったから、フリースタイルばっかりやってました。だから、バトルやる方が自然というか。

漢　まぁ、誰もが最初はフリースタイルから入るから。「これからはじめるフリースタイル!!」つって俺超覚えてるもん。テープで録ってあってさ。危ないことやってんじゃんってさ。

般若　危ないことやってるよね（笑）。

漢　なんで般若が攻撃的なイメージがあるかって言うと、『HIP HOP NIG

※1 悪霊　般若やRUMIと同じ高校のラッパー。

HT FLIGHT』のデモテープ※2が話題になったからなんだよね。あれではじめて日本語でわかりやすく痛烈にディスするっていうのを目の当たりにしたよ。ビーフの文化も知らない奴もいる頃だよ。

般若　まだラップはじめて1ヵ月くらいだったんですよ。あのラジオが流れた次の日にZeebraから電話がかかってきたんですけど、凄い怖かったんですよね。

漢　でも、そのタメ口でイキがってるのもわかるくらいの生々しさだったんですよね。あれ、実家でしょ?

般若　なんなら母ちゃん電話出ちゃいそうだったんすよね（笑）。1回目電話来て、母ちゃんが出て、意味がわからなくて俺も。またかけるからって言われて、母ちゃんちょっと怒ってて。それちょっと出ちゃいけない電話だからって言ってましたね。

漢　でも、母ちゃんがいる前でカマしたフリースタイルでしょ、あれは（笑）。

般若　母ちゃんも多分心配してたと思うんすよ。あれ、なんかおかしなことやりだしたって。

――あれをつくられたのは、もうカマしてやるぞっていう気でやられたんですか?

般若　そうですね。なんかよくわかんないけど、もう余裕でしょって思ってたんですよね。

漢　「Say HOO! ってこのアホー」ですよ、だって（笑）。

般若　ラジオで流れたのはしょうがないですけど、『You Tube』に流してるのは本当に金で解決したいってずっと思ってたっすね（笑）。

漢　こんなダークなビートにスゲー可愛い声で歌う子もいれば、なんかメロディみたいなものも入ってるし、四字熟語的なものも入ってるぞって話題になって。トレンドになるんですよ。

般若　まだ何にもなかったんですよ、メディアというものが。しかも『NIGHT

※2『NIGHT FLIGHT』のデモテープ　般若が高校時代にRUMIとDJ BAKUと組んでいたヒップホップユニット『般若』のデモテープをRUMIがZeebraに『鬼だまり』におけるフリースタイルの合間に渡し、それが当時深夜にやっていたラジオ番組『HIP HOP NIGHT FLIGHT』で流された。当時のヒップホップシーンをディスる内容にヘッズの間では大きな話題になった。以降、般若がラッパーとして活躍するきっかけとなる。

FLIGHT』自体俺まだ聞いてねー、みたいな。

漢　だから、もう当時はネットなんてないから、出た雑誌なんて一言一句漏らさず読んで、3回読み返すなんていうような地方のマニアックな奴らが都内まで見に来てたからね。もう1年くらいはずっと般若！　般若！って騒がれてましたね。

般若　そうですね、面倒臭いこともいろいろありましたね。ちょっと待って、俺ラップじゃなくてDJやりたいって思ってたんだけど、ラッパーになった方がいいのかなって感じになってきて。ライブのオファーなんかも来るようになったんだけど、出ていいんですか？　っていう感じだったね。

漢　『般若』解散って18歳か19歳くらい？

般若　そうだね。RUMIが失踪して（笑）。ちょうどその頃ぐらいで友達がみんな暴走族をやめた頃で。みんなが単車とかいじってる溜まり場に僕は普通にテープとか聴かせに行ってたから。そしたらそいつら引退して、ラップをはじめるっていう流れが『妄走族』なんですよ。

漢　ホント、フェイドアウト、インみたいなスイッチだな。

般若　でも、暴走族やりながらもヒップホップやってたっていう不思議な感じですね。ちょうどそういう世代的にも移り変わるところに僕らはいた感じでしたね。

漢　でも、結構いたんじゃないですか。ちょうどヤンキーが街から消えていく時代というか。京都でいうとANARCHYなんかもそういう感じだし。俺が中学の頃修学旅行で京都行くと漫画ですか、ここ？　っていうようなヤンキーばっかりだったし。それをラップにしちゃってるんだから。ANARCHYも最近フリースタイルバリバリやるからね。誰でもやっぱりやるんだよね。

般若　僕も車の中でフリースタイルよくやりますよ。

——そういう中で、漢さんは『B BOY PARK』のMCバトルに2000年くらいから参加してますが、般若さんはいつぐらいから出てるんですか？

般若　あれは亡くなったDEV LARGEに僕がカチコミ（マイクジャック）をかけて、凄い迷惑なことをしてしまったんですけど。そしたらDEV LARGEが「『B BOY PARK』でMCバトルがあって、俺が審査員の推薦枠を持ってるから、出ない？」って言って「マジすか？」みたいな。はじめて大会に出たのはその

DEV LARGEに薦められて『B BOY PARK』MCバトルに参加

２０００年？　『ＡＳＩＡ』でやった時だったかな？　それがはじめて出た大きな大会だったんですよね。
凄く覚えてるのが、僕が先攻になったんですけど、相手が出てこなかったっていう。イルムラとかいう奴いたの覚えてる？

漢　いたね。確か前年に準優勝とかしてる奴。

般若　そいつが、はじまるよって時に本人出てこなくて、先攻の俺ははじめてて、後攻どうすんのかなと思ったら、その時になって急に出てきたんですよ（笑）。

漢　そういう狙いだ。勝つための。

般若　負けるわな（笑）。

漢　じゃあ、俺が出たのはその次の年だ。

般若　『ＨＡＲＬＥＭ』じゃない？　ＤＥＮちゃん（妄走族メンバー）も出るって言ってて。いきなり殴ったりとかしてて、ダメじゃん、みたいな（笑）。それ見て『妄走族』の他のメンバーは、バトル出るのやめた方がいいみたいに言ってて。俺もやめた方がいいかもって思ったよ。

漢　でも、２００２年くらいになるとＭＡＳＡＲＵとかが真剣に普通に毎年出るみたいになってたよね。そこは般若とかと、２年間連続くらい出てたんじゃないかな。

般若　俺が漢とやったのは２００２年の決勝かな。

漢　そうだね。あそこでやったのが本当にはじめてだよね。そのぐらい当時ＭＣバトルって１年に１回の祭典って感じだったから。その時は小さいバトルもほとんどないからね。

般若　今思うとＨＩＤＡ（ＤＤＹ）とかも出てたよね、あの時ね。なんか上半身裸のやつがいると思って（笑）。お、大阪の奴だ、と思って。

漢　あの時は結構パンチがあり過ぎて「なんだよ」みたいになってたね。しかもスタイルも違いすぎるし。

般若　そんな感じだった。なんか変なの

漢「アメリカじゃ、フリースタイルで食えているラッパーもすでにいる。むしろ早くそういう時代が来てほしいよ」

いるみたいな感じがして。

漢　俺なんかは『韻踏合組合』は『P-VINE』のレーベルメイトでデビューも一緒だったから。割と顔合わすこともあって。ニコイチでCD出したり『BLAST』の取材なんかでもニコイチで出たりとかしてたね。あいつらもはじめて会った時から凄いフリースタイルもやってくるし。日本は日本なりに地域でも違うみたいになってたね。インパクト強かったよ。今は慣れてるけど。なんだろ、見たことないような顔つきの奴らだからさ。

般若　なんかわかる（笑）。

漢　変な話、同じ人種と思えないような服装というか、表現というか。俺が優勝した2002年は、そういう意味ではもうKREVAスタイルの奴らはだいぶいなくなってて、かなり個性的なやつが多くなってたかもね。

——般若さんにとっても漢さんは特殊な感じはしましたか？

般若　異質でしたね。漢は漢しかできないことをやってる感じはしましたし。まだ、当時はビートもそれほど進化してないというのもあったんですけど、そういう中でもめちゃくちゃ綺麗に詰め込んできたりとか、落としてきたりとか、凄く印象に残ってますね。実際、僕が漢に負けた時も落とす能力が凄い「落とされたー」って感じが凄い残ってて。めちゃめちゃ滑舌がいいなとか、凄い言葉が入ってくるなって印象はありましたね。

——割と今活躍されてるラッパーさんをはじめ、当時のヘッズからしたらあの時の般若vs漢のバトルは凄過ぎて、未だにあれを超えるバトルはないという人もいると聞きます。当時、あのバトルの録音をみんなで聴いて「俺もやりたい」って思うヘッズがいっぱいいたらしいです。

漢　うーん、まぁ当時KREVAがいなくなって急にノリが変わって個性的になったから、インパクトが強かったっていうのはあるかもね。技術的に言ったら、今の人たちの方がうまい奴いっぱいいるし。ただ、普通にフリースタイルを見せ合うっていうよりは言葉のキャッチボールが成されてるって感じはあったのかな。個性だけは強かったし。

般若　リアルタイムでいうと僕たちもそれほど深く考えてないから。その時の自分たちのクルーだったり、地元だったりに対して負けられないなぁっていう気持ちの方が強いから。こういう風な未来が待ってるなんて思いもしないし。

漢　どっちにしろ俺のが凄いみたいな奴らの集まりだから。自分に驕って驕ってしょうがない奴らだよ。

般若　イタい奴らの集まりだよ（笑）。

漢　今の18、19歳あたりもヤバいことやってますよね。おい、ちょっとやめろよってくらい完成度高いから。どこの誰に習ってきたんだよって思うよね。でも、似たようなことを昔、宇多丸が言ってたような気もするから、それと同じことなのかもしれないけど。結局、それを繰り返すんだよ。

般若　やっぱりみんな、今、自分が最高なんだって状態で勢いを持って出てるし。

漢　逆に言ったら俺らも彼らにないものを持ってやってきてるし、ルールも違うし。スポーツ化してるのはいいことだとは思うんですけどね。

般若　俺も悪いことだとは思わないよ。身体鍛えはじめて結構身体できてきたなってくらいのテンションでやってるなっていう感じがするし（笑）。

漢　やべーすげーなって、今本当に思っちゃったって、まさか我々２０１５年に『フリースタイルダンジョン』に出て、それを痛感する時が来るとは思ってなかったっていうね。

般若　やっぱり吸収力が早いんじゃないすか。今、動画とかいろんなものでラップが見られるし、脳も柔らかいし。俺なんかこれ大丈夫かなと思いながら、今でもやってますよ。

漢　いろんなアーチストを自分に投影しながら、噛み砕いて。なんか文化になりつつあるっていう感じはあるね。馬鹿にはできなくなったね、昔と違って。

——当時のナード系のラッパーからすると、いわゆる怖いストリート系とやる時は、ちょっと覚悟が必要というか、これを言ったらヤバいぞっていうのが当時はあって、今はなくなったみたいなことをよく聞くんですけど。

漢　それはもう俺はあんまり言わないけど、SIMON JAPあたりに「よしよしお前、そのルールがまだあるってことを証明してくれ！　俺はもう立場的に証明できないけど！」って感じだね。

般若　あの人、純粋なんだよ。凄く純粋な人なんだと思う。

漢　言っていいことと悪いことがあって、怒るのは普通でしょっていうのはあるよね。そういうのはＳＩＭＯＮが教えてくれるからいいんです。

般若　必要な人材なんですよ。

漢　それが本当にいいとか悪いとかじゃなくて、ヒップホップの表現には必要っていうのはあるよね。

――『B BOY PARK』でいうと2003年の般若vsFORKとか、その後の漢さんのやりとり※3とかも割と歴史的には取りざたされる部分ではあるんですが。

般若　はい。FORKとは結構古くて、その前に一回勝ってて、勝ってる中でまたやって負けたっていうのがあって。俺的には不服じゃなかったんですけど、うちの人間がステージに乗っちゃったんですよ。

漢　納得いかないみたいな感じになってたね。

般若　俺的にはむしろ乗ってきて、マジかよみたいな感じになってて。勝敗に関しては、もうしょうがないじゃないですか。

漢　まぁ、あったらあったで昔はオープンマイクで隙あらばバトルみたいなのは普通にあったわけだし。結果的にそうなっただけで、勝ち負けは別に関係なくて。

まぁ、マイクジャックの延長線でああなったのもあるだろうし、確かあの時『FUTURE SHOCK』からシングルが出るからそこはもう優勝してっていう筋書き書いてたのかなとは思ってたけど。ヒップホップ的な側面としてもうみんなで、ここで般若押し出すぞっていうのが周りの連中的にはあったんじゃないかなっていうのはあると思うよ。そこはもうどうしたって、ゴリッと表現するのが普通くらいの世代だから。

般若　まぁ、ちょっとごちゃっとしちゃいましたね。でも、別に全然『ICE BAHN』と対立してるとかじゃ全然ないし。

漢　まぁ、そりゃステージにビュンって『妄走族』に乗られたら『ICE BAHN』も「ちょっと待てよ」ってビュンって乗っちゃったっていうだけで。玉露あたりは体育会系っていうのは俺も聞いてたから、仲間がヤバいってなったら乗っちゃっただけだよね。

般若　まぁ、凄いじゃないですか。彼ら(『ICE BAHN』)こそ、ずっとあれをやり続けてやり続けてあれが確立されたわけだから。気持ち悪かったもん、だって(笑)。

漢　凄かったよね。

般若　ずーっと5文字で踏んで5文字で返すみたいなことをやってるんだよ。ヤバいよ。

漢　優勝した翌年に、玉露に負けてるんだけど、マジであいつに負けるのとか悔しいから。あの韻踏みまくる感じとか。何かと風俗風俗うるさいし。そしたらこの間の『フリースタイルダンジョン』でも、同じこと言ってるからね。終わってからも2階にいる仲間に「お前、風俗行くぞ、オラァ」ってもう全然変わってないんだよね。ザ・ラッパーだよね。実はFORKが一番バランスとれてるんすよ。

般若　FORKは本当にうまかったっすよ。『ICE BAHN』になる前の2人組の時に一緒にコンピレーションに入ってて。その時から知ってるんで。

漢　まぁ、その一件で「こんな感じになるんだったらやめちまえよ」っていうのを運営側からも聞いてたし、翌年もやらないっていうのも聞いてたんで、じゃあ俺らで

※3 般若vsFORKのやりとり 2003年開催の『B BOY PARK』MCバトルの般若vsFORK戦で、一旦はFORKが勝利したものの、審査員による判定を不服とした『妄走族』のメンバーがステージに乱入し、観客判定を要求。司会は言われるままに観客判定を行うものの、判定は覆らず。会場は騒然となり、バトルは一時休止状態に。その後も判定方法などを巡って揉め事になり、翌年のMCバトルは中止となった。

般若「俺はもうどんどん変わっていくものだと思ってるから」

はじめるかっていうことで『UMB』になるんですよね。

般若　俺はそのあと、ちょっともういいやっていうのがあって、バトルはそこでやめて、ラッパーになる方向に切り替えましたね。そこで興味なくなっちゃったんです。フリースタイル自体はライブとかでもやってましたけど。それで2007年の『UMB』で僕と漢で曲をつくらないかってことになるまで、全然シーン自体もそんなに見てないと思います。

その時に、僕は『B BOY PARK』をやって以来、実はくすぶってたところもあったから、2007年の夏くらいに、僕もちょうどアルバム2枚3枚出してレーベルクルーとも揉めはじめた時期だったんで。その時にHIDADDYがいきなり電話かけてきて、渋谷に『HIDADDYひとり旅』※4で来るから会わない？って来て、いきなり映像回されちゃって。そしたら帰るからって言うんで「駅まで送るよ」って話をして、その時に「バトル出たら勝てるかな」って聞いたら、真剣に「イケると思う」って言ってくれて。「マジで」っていうことになって。出演者の中であんなに長くフリースタイルをやったのもはじめてっていうこともあり、2008年に『UMB』大阪に出たら結果優勝できたんです。それで一段落ついたんで、あとはもうやめました。

漢　置いてきた忘れ物をとりに来たって感じじゃないですかね。

――その後、『フリースタイルダンジョン』のモンスターになるっていう経緯になるわけですね。

般若　そうですね。なんか急にZeebraさんから電話が来て『フリースタイルダンジョン』やるから出てよ、みたいな話になったんですよね。俺はパブロ（T-Pablow）もいるし、R-指定もいるし、漢もいて俺がラスボスなら俺まで来ないよね。っていうぐらいの感じで受けちゃったんですよね。結果、9回も戦わされたっていうね。

漢　まぁ、あれは番組っていうのもあるし、普通のバトルやるのと違ってコンディションっていうのもあるから。ちょっと独特の流れというか、傾向もあるんだよね。そういう時に流れっていうのは、どんな時でも掴んだものの勝ちだから。ラスボスっていうのは本当に結構ダルいっていうか。ノリにノってきた相手に何にもやらないでいきなり戦わないといけないわけだから。

般若　何、あんな子が来るの？　みたいな感じですよ（笑）。僕、誰が誰だかわかってないんで。もう全くバトルの現場わからないから。ACEがそこら辺わかってるから。「こいつはヤバいすよ」みたいな感じで教えてくれて。

漢　般若がモンスタールームに下りてくる時は、こいつヤバいっていうのが事前にわかってる時か、ラスボス手前ぐらいの時に「大丈夫だから大丈夫だから」ってやり

※4『HIDADDYひとり旅』『韻踏合組合』のHIDADDYが全国各地をフリースタイルをしながら旅するDVD。般若の他、漢やZeebraも出演している。

に来る時とかで。他はラスボスだから結構上にいるんだよ。まぁ、「今日誰？」みたいな時もあるけど。

般若　そうすね。審査今日おかしいよね、みたいな時もありますし。

漢　凄いそこは整え役っていうか、指揮とってバランス見てくれるみたいなところはありましたね。

般若　まぁ、テレビの中ではあんな感じですけど、映ってないところが大事なんで。あと、僕的には初代と2代目の間を見てるっていう意味でも、ちょっと違いはあるかなっていうのはありますね。僕は僕でやれることはやったと思うし、勉強になりましたね。特に初代に関しては、何かが出来上がる過程を体験していったんで、みんな戦ったと思うんですよ。

漢　一番最初なんてノボリ持って行ったやつあったじゃないですか。

般若　あれ、ヤバかった（笑）。

漢　何人かのスタッフに乗せられながらなんか武士みたいにノボリ持って。やめてくれよこの演出、誰だよって。「ジブさん（Zebra）どうなってんだよ」って聞いちゃったよね（笑）。比較的早めにあの演出はなくなってますよ。

般若　あれ、パブロ頑張ったなって思うよ。

漢　いやぁ、もうヤっちゃってるでしょ。結構修正したりは最初の方はしてるよね。

——今って割とバトルで有名になって、ラッパーとしてライブをやったり音源を売ってやっていくというスタイルが普通だと思うんですけど、ここまで盛り上がってくるとバトルだけで食える人も出てきていいんじゃないか？　という意見もあると思うんですが、どう思いますか？

漢　それは全然それでいいと思いますよ。『UMB』とか『KOK』で勝って、ちょっとした草バトルでもちょくちょく勝っていけば、そういう可能性はなくはないし。今、ゲストとしてバトル出るラッパーも少なくないわけだし。モデルケースとしてアメリカなんかだともう10年前くらいからあるんですよ。

般若　僕も全然ありだと思いますね。

漢　アメリカだとフリースタイルだけのラッパーもいるしね。むしろなってくれって期待しかないよ。なんかダンス踊りながらラップするような奴も昔いたし。

般若　まぁ、入り口はどこでもいいと思うんですよ。みんなが好きなもの見て、聴いて、そこから自分がどうやって手を出していくかっていうのもあると思うんで。

漢　今やどこに住んでても自分の知り合い3人ぐらいに聞けばラップやってる奴にぶち当たる時代になってきたからね。

般若　それはもう痛感してます。

漢　だいぶもう浸透してきたように感じるし、いつでも誰でもできるしね。フリースタイルは鼻歌なんで「ふんふんふんーふん」っていうのと同じだから。

般若　もう俺はどんどん変わっていくものだと思っているから。見てる人もやる人もどんどん新しい人が出てくるし、そういうものだと思いますよ。俺は全然そんな難しいことは考えてなくて、ただ自分の好きな音楽とか俳優業とかをこれからもやっていくだけですね。

日本全国 MCバトル紹介

日本各地で開催されるMCバトルを紹介。
今はなき『B BOY PARK』MCバトルや
『高校生RAP選手権』などのメディア発信の大会も網羅。

伝説となった日本初のMCバトル

B BOY PARK MCバトル

主催者	CRAZY-A/ B BOY PARK実行委員会
バトル開始年	1997年　MCバトルは1999年より
開催場所	代々木公園　渋谷HARLEM 他
開催方式	テープ審査→電話審査→フリーエントリー　他
ルール	1分交代　8小節2本　後期は先攻後攻を決めずダンスバトルに近い方法で開催
審査方法	審査員判定 2009年より観客判定導入
レフェリー	宇多丸　RYU　サイプレス上野　晋平太　他
概要	日本最大のヒップホップのブロックパーティとして代々木公園野外ステージで開催されていた『B BOY PARK』の中で行われた日本で初めてのMCバトル。審査方式、ルールなどは本国USAの方法論に基づいて決められた。99年～2003年まで開催し、2005年に1度開催されてからしばらく休止期間。2009年にU-20や3on3という新たなスタイルで再開された。数々の伝説を残し　2017年、20年の節目に終了。

『B BOY PARK』MCバトル18年の歴史

	優勝	準優勝	会場
1999年	KREVA		渋谷 Club Asia
2000年	KREVA	MOTOY	渋谷 HARLEM
2001年	KREVA	KIN DA SHER ROCK	渋谷 ONA AIR EAST

KREVA3連覇!!

2002年	漢 a.k.a. GAMI	般若	国立代々木第一体育館

伝説に残る 漢vs般若戦!!

2003年	外人21瞑想	USK	恵比寿EBiS303

般若vsFORK戦でトラブル勃発!!

2005年	晋平太	CO-MACHI	両国国技館

晋平太、実は最初の優勝はB BOY PARK

2009年 U-20	KOPERU	ZORN	代々木公園

期待の新星KOPERU登場!!

2010年 U-20	菊丸	掌幻	代々木公園
2011年	PONY	FORK	後楽園JCBホール
2011年 U-20	ACE	タマイコウスケ	代々木公園
2012年	MEKA	菊丸	代々木公園
2013年 U-22	あおりんご	Coke-E	代々木公園
2013年	スナフキン	黄猿	代々木公園
2014年	輪入道	CHICO CARLITO	渋谷 THE GAME
2016年	ACE	黄猿	代々木公園
2017年	スナフキン	漢 a.k.a. GAMI	渋谷HARLEM

記念すべきラストバトルはスナフキンvsMC漢!!

MCバトルの歴史をそのまま反映

日本で初めて開催されたMCバトルの大会。開催1年目は、フリースタイルができるラッパー自体が少なく、主催側がKREVAをはじめとする現役で活躍してるラッパーを募集。翌年からはテープ審査や電話による応募で1次審査をされたあと、予選に参加する形式へと変化していく。当時は、USAで現在も採用されている1分交代によるバトル、審査員による判定だった。2003年の大きなトラブルを踏まえ、以降は様々な方式を採用するようになっていった。MCバトルが日本においてどう形成されていったか、この大会で知ることができる。

関西最大級のMCバトル!!

SPOT LIGHT

主催者	韻踏合組合(IFK RECORDS)
バトル開始年	『ENTER MCBATTLE』2006年　『SPOTLIGHT』2009年
開催方式	年4回開催される『ENTER』の優勝者と選抜の猛者でグランドチャンピオンを年1回決する『SPOT LIGHT』。予選はサイファー方式、決勝でアカペラバトルがあるなど独自のバトル方式を展開。
ルール	8小節3本　延長あり アカペラバトル60秒 サイファーバトルなど
審査方法	観客の歓声
司会	SATUSSY、遊戯(韻踏合組合)
賞金	30万円
概要	レペゼン大阪のヒップホップクルー『韻踏合組合』が主催する関西最大のMCバトル。関西におけるヒップホップシーンの定着と拡大、若手の育成を図るためという目的を持つ。年4回開催される『ENTER』によって多くの若手ラッパーが鍛えられR-指定をはじめとする多くの才能を生み出した。

10代のR-指定がERONEを下し初優勝!!

【2009年】

10/25@BIG CAT

LIVE

RHYMESTER×韻踏合組合

トーナメント表

ERONE

ちゃくらメンソール

KOPERU

悠然

優勝

R-指定

HIDADDY

CIMA

R-指定

あきらめん

-DJ-

DJ KAN／DJ KITADA KEN／DJ PANASONIC

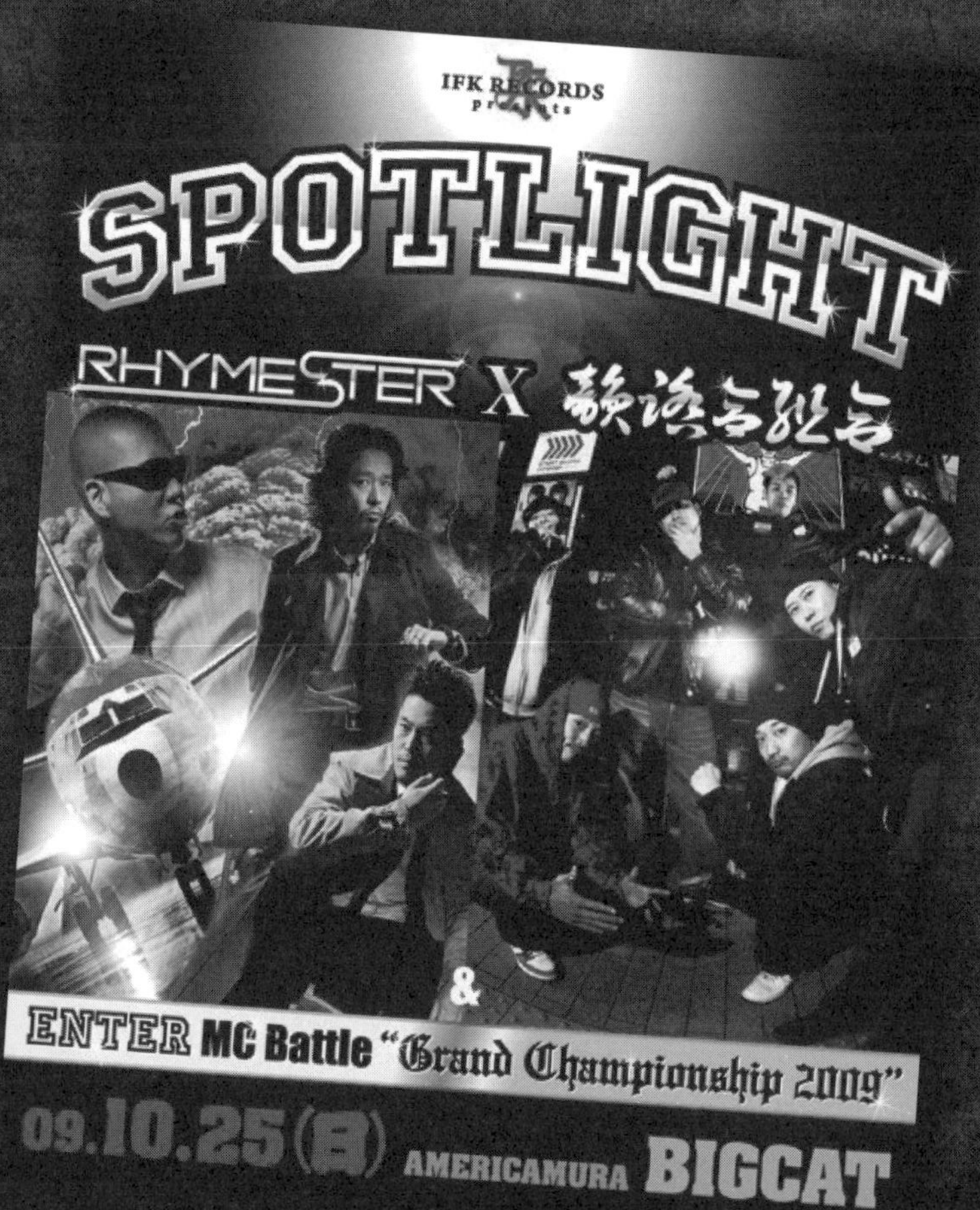

梅田サイファー無双はじまる!!

【2010年】

12/23@BIG CAT

LIVE

韻踏合組合／RHYMESTER／だるまさん／AMIDA／MINT／HI-KING／MCエムラスタ

トーナメント表

KBD
R-指定
TKS
CIMA
peko
チプルソ
HIDADDY

優勝
peko

大超
ちゃくらメンソール
ERONE
RIGHT
ふぁんく
HI-KING TAKASE

-DJ-

DJ KAN／DJ KITADA KEN／DJ PANASONIC

レペゼン和歌山 押韻ラッパーSURRY優勝！

【2012年】

12/23@ Club Twice

LIVE

韻踏合組合／高槻POSSE／勝＆城家／BOIL RHYME and Special Guest!!!!

トーナメント表

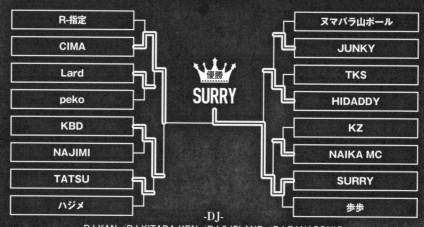

R-指定
CIMA
Lard
peko
KBD
NAJIMI
TATSU
ハジメ

優勝
SURRY

ヌマバラ山ポール
JUNKY
TKS
HIDADDY
KZ
NAIKA MC
SURRY
歩歩

-DJ-

DJ KAN／DJ KITADA KEN／DJ 5-ISLAND／DJ PANASONIC

負けない呂布カルマが頭角を現す!!

【2015年】

12/3 @Club twice

LIVE

韻踏合組合／SHIBA-YANKEE／勝／LA-MEN DOGG／呂布カルマ and more

トーナメント表

ACE
MADJAG
K-razy
peko
KBD
ミステリオ
R-LINU$
MC frog

優勝
呂布カルマ

じょう
呂布カルマ
スナフキン
SILENT KILLA JOINT
MC★ニガリa.k.a赤い稲妻
西
LARD
CIMA

-DJ-

DJ KEN-BO／DJ KAN／DJ KITADA KEN／DJ PANASONIC

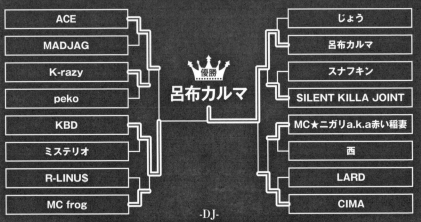

『高校生RAP選手権』の覇者が勝利！

【2016年】

12/3@ Club Twice

LIVE

韻踏合組合／Creepy Nuts／Mr.MUSICIAN／高槻 POSSE／勝
SHIBA-YANKEE／BOIL RHYME ／KBD／BIG MOOLA and more

トーナメント表

K-razy
けんしろー
CIMA
peko
晋平太
がーどまん
マーダー
キョンス

優勝
裂固

Lick-G
裂固
Breaker
じょう
HIDADDY
崇勲
KBD
ERONE

-DJ-

SPIN MASTER A-1／DJ KITADA KEN／DJ 5-ISLAND／DJ PANASONIC

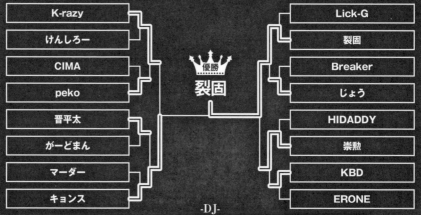

チャンピオン裂固を倒してMOL53が優勝!!

【2017年】

12/3@UNIVERSE

LIVE

韻踏合組合／NORIKIYO／勝／BOIL RHYME／Willy Wonka／KBD／BIG MOOLA

トーナメント表

MOL53	オニサワ
KBD	Scooby J
MCfrog	PONY
K-razy	崇勲
けんしろー	輪入道
FEIDA-WAN	サイプレス上野
Dragon One	T-Tongue
TKda黒ぶち	NAIKA MC
じょう	9for
CIMA	ミメイ
テークエム	peko
西a.k.a.Grizzly	キョンス
SURRY	晋平太
スナフキン	裂固
HIDADDY	HARDY
MC松島	押忍マン

優勝 MOL53

-DJ-

DJ KITADA KEN／DJ 5-ISLAND／DJ PANASONIC／DJ DAN

呂布カルマ、RAWAXXXとの因縁対決を制す!!

【2018年】

11/25@UNIVERSE

LIVE

韻踏合組合／勝／ICE BAHN／RAWAXXX／輪入道
NAIKA MC／BOIL RHYME／HARDY and more

賞金

30万円

トーナメント表

K-razy
LITO
9for
MCマロン
オニサワ
RAWAXXX
歩歩
輪入道
裂固
智大
FRANKEN
キョンス
ミステリオ
ダースレイダー
道
Dragon One

優勝
呂布カルマ

Scooby J
掌幻
じょう
呂布カルマ
JAKE
百足
CIMA
スナフキン
HARDY
晋平太
ミラクル
藤KooS
ERONE
玉露
ふぁんく
NAIKA MC

-DJ-

DJ KITADA KEN／DJ 5-ISLAND／DJ PANASONIC／DJ DAN

罵倒

主催者	CASTLE RECORDS
バトル開始年	2008年
開催方式	エントリー制　東京都内・関東六県での数回に渡る予選大会の優勝者と刺客によるGRAND CHAMPIONSHIPにより年間王者を決定。2015〜2018年まで『THE罵倒CYPHER』という3on3の団体戦も開催。2019年は全大会休止中。
ルール	8小節3本　ノールール　ボディタッチOK
審査方法	観客判定のみ
司会	G.O or 十影＆RAW-T
賞金	30万円
概要	CASTLE RECORDS主催のボディタッチありのノールール真剣勝負、業界一バチバチなMC BATTLE。大会は東京・関東エリアを中心に毎年複数回開催される。年末には各大会の優勝者＋刺客枠で選ばれたMCにより、年間王者を決める大会である『THE罵倒 GRAND CHAMPIONSHIP』が行われる。上野アメ横に拠点を置くCDショップ『CASTLE RECORDS』で予選が開催されたこともある。
2008-2012 優勝者	2008 MC種／2009 ZONE THE DARKNESS／2010 ZONE THE DARKNESS 2011 ZONE THE DARKNESS／2012 TKda黒ぶち

ZONE THE DARKNESS
三連覇!

【2013年】

GRAND CHAMPIONSHIP 12/22(sun)@WOMB

LIVE

MC 漢／ANARCHY／田我流／DINARY DELTA FORCE／TATUYA&TRIP(Mad4th)／DJ 威蔵(IZOH)／HIDADDY／RAW-T／ZONE THE DARKNESS／KOHH／B.D／SMITH-CN

賞金

20万円

トーナメント表

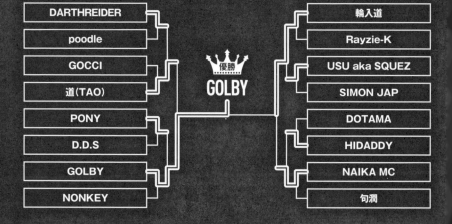

DARTHREIDER
poodle
GOCCI
道(TAO)
PONY
D.D.S
GOLBY
NONKEY

優勝
GOLBY

輪入道
Rayzie-K
USU aka SQUEZ
SIMON JAP
DOTAMA
HIDADDY
NAIKA MC
句潤

押韻ダンディが輪入道を圧倒!!

【2014年】

GRAND CHAMPIONSHIP 12/7(sun)@WOMB

LIVE

MC 漢&9sariGroup／SHINGO★西成／NANJAMAN／ZORN／KOHH／SIMI LAB

賞金

20万円

トーナメント表

輪入道が無双した2014!!

【2015年】

GRAND CHAMPIONSHIP 12/23(hol)@WOMB

LIVE

D.L.I.P.RECORDS／RITTO／Theタイマンチーズ／Y'S／ZORN／漢 a.k.a. GAMI

賞金

30万円

トーナメント表

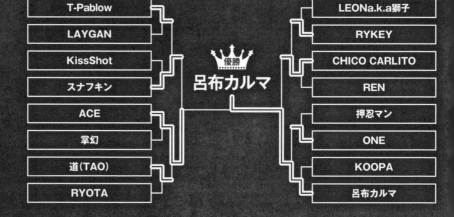

T-Pablow
LAYGAN
KissShot
スナフキン
ACE
掌幻
道(TAO)
RYOTA

LEONa.k.a獅子
RYKEY
CHICO CARLITO
REN
押忍マン
ONE
KOOPA
呂布カルマ

優勝
呂布カルマ

呂布カルマ躍進の2015!!

【2016年】

GRAND CHAMPIONSHIP 12/11（sun）@WOMB

LIVE

般若／JAGGLA／KIKUMARU／呂布カルマ／掌幻

賞金

30万円

トーナメント表

輪入道	椿
Luiz	KOOPA
RYOTA	道（TAO）
掌幻	$iva
Azathoth	MC KUREI
BALA	LAYGAN
BATTLE手裏剣	BOZ
D96	ジジ
SNAFKN	呂布カルマ

優勝

輪入道

輪入道VS呂布カルマ モンスター決戦!!

若き天才Lick-G優勝!!

【2017年】
GRAND CHAMPIONSHIP 12/10(sun)@WOMB

LIVE

CHICO CARLITO／Lick-G／MARIA／PUNPEE／輪入道

賞金

30万円

トーナメント表

タケアキ	裸武
SPIRAL	KANEKO THE FULLTIME
BOZ	Lick-G
SHAKU	句潤
Dragon One	はなび
サイプレス上野	蛇
KOOPA	エイジ
N0uTY	道(TAO)
D96	D.D.S
BUSS	輪入道
ID	T-Tongue
BASE	がじゅまる
小池潔宗	武昇
SNAFKN	Karter
MC KUREI	RYOTA
BOBO	DEPP HELD

優勝 Lick-G

【2018年】
GRAND CHAMPIONSHIP 12/9(sun)@WOMB

LIVE

BES／ISSUGI／鬼／チプルソ／YOUNG FREEZ

OPENING LIVE

罵倒伝二代目(T-TANGG、$iva、椿)

賞金

30万円

トーナメント表

左ブロック	右ブロック
はなび	SHOHEI
Venom	KUMAR
ストローム	BATTLE手裏剣
VITALIZE	SHAMO
SIMON JAP	黄猿
裸武	雄猿
SPIRAL	小池潔宗
icepikk	BLASTA
椿	SNAFKN
BASE	MC TAWARA
ootee	崇勲
N0uTY	TKda黒ぶち
輪入道	TERA_Z
道(TAO)	DANIELaka 464underground
K'iLL	悪影
T-TANGG	$iva

優勝
輪入道

輪入道　罵倒3回目の優勝!!

戦極 MC BATTLE

主催者	（株）戦極MC MC正社員（吉田圭文）
バトル開始年	年2〜3回開催　予選は全国各地で開催
開催方式	各章によって変わるが近年、全国にて予選開催。本戦で決戦。
ルール	8小節×3本　BEST4以降　8小節×4本or16小節×2本 延長あり 細かいルールは各章によって変わる
審査方法	観客判定のみ
司会	1章〜10章　八文字&アスベスト　　11章以降　八文字&MC正社員 7章のみG.O　14章のみ太華&八文字
賞金	100万円
概要	戦極MCBATTLEは「至高のMCBATTLEイベント」「HIPHOPを使った世間へのアピール」「参加者の最高のフックアップ」の３つを信念に開催。年数回行われるナンバリングタイトルでは「現時点での最強決定」を目指す。DVD、配信、雑誌等、各種メディア戦略に長け、近年では様々な芸能事務所、一般企業とコラボして様々な大会を開催。今最も活発に開催しているMCバトルのひとつだ。特に動画配信を多用した点では、他の大会に先駆けた展開をしたことでも知られている。また、U-22MCBATTLEや女性のみの大会なども開催しており、YouTube再生回数・DVDのオリコンチャート進出・クリーンなイベントブランディング。今日本で最もアツい大会だろう。
第一章〜第十二章優勝者	第一章 in浦和BASE（2012.1.22）優勝 晋平太 第二章 in浦和BASE（2012.3.11）優勝 黄猿 第三章 vs 罵倒埼玉予選 in浦和BASE（2012.6.24）優勝 TKda黒ぶち 第四章 UMB2012埼玉予選 in浦和BASE（2012.9.15）優勝 TKda黒ぶち 第五章 新春sp in 浦和BASE（2013.1.20）優勝 チプルソ 第六章 黄金の春の陣　in浦和BASE（2013.4.28）優勝 鎮座DOPENESS 第七章 vs THE 罵倒 特別編 in Club Asia（2013.7.21）優勝 DOTAMA 第八章 新春2days in THE GAME（2014.1.25&26）優勝 サイプレス上野 第九章 -2Days 春祭2014-　in THE GAME（2014.4.12&13）優勝 DOTAMA 第十章 真王座決定戦　in Sound Museum Vision（2014.10.18&19）優勝 晋平太 第十一章 関西無双編　in TRIANGLE（2015.2.21）優勝 GOLBY 第十二章 関東乱舞編 in HARLEM（2015.6.6&14）優勝 呂布カルマ

NAIKA MC 名勝負のオンパレード！

【第十三章 全国統一編】

（2015.12.26&27）in TSUTAYA O-EAST

賞金

15万円

トーナメント表

- CHICO CARLITO
- CIMA
- TKda黒ぶち
- 晋平太
- NAIKA MC
- はなび
- MCマロン
- MC★ニガリa.k.a赤い稲妻
- GOTIT
- ミクソン重一
- O.Z
- MAKA
- GADORO
- 歩歩
- bunTes
- 言×THEANSWER

優勝

NAIKA MC

- J平
- KBD
- K-razy
- 呂布カルマ
- BOZ
- Rude-α
- Breaker
- ACE
- カクニケンスケ
- 漢 a.k.a. GAMI
- 焚巻
- MC KUREI
- KEN THE 390
- ふぁんく
- ハハノシキュウ
- Amateras

※ベスト32より掲載

-DJ-

YANATAKE／浮世神鬼／motoi

MPC

呼煙魔／hokuto

-BEST BOUT-

CHICO CARLITO

VS

晋平太

【第十四章×AsONE】
-RAP TAG MATCH ULTIMATE-
(2016.5.29) in LIQUIDROOM

タッグマッチ『AsONE』とコラボ

予選大会

5.28戦極MCBATTLE第14章×AsONE 予選ラウンド

賞金

30万円

トーナメント表

B.T.W
(ACE Luiz)

クリティカルヒッターズ
(PONY 句潤)

ザ※ビストライクス
(呂布カルマ K'Lee)

GIANT KILL
(早雲 JAKE)

マグマムシ
(Rude-α じょう)

WORD OF MOUTH
(田中光 Meiso)

ジャッキーチェン
(ふぁんく MC松島)

ビューティーペア
(CHARLES あっこゴリラ)

チーム墨田
(はなび 掌幻)

韻Fighterz
(GOLBY UZIthe9mm)

CLIMBING UP
(Kowree SURRY)

ぬもんちゅが
(Lick-G スナフキン)

優勝
ザ※ビストライクス
(呂布カルマ×K.Lee)

KANDY TOWN
(KIKUMARU B.S.C)

笑う53
(MOL53 Mr.smile)

クレイ・D・クレイジー
(KUREI K-razy)

東武ライオンズ
(TKda黒ぶち TENGG)

栃木2000万パワーズ
(MAKA SAM)

四筒七筒両面ズ
(崇勲 CHICO CARLITO)

ICE BAHN
(玉露 KIT FORK TSUBOI)

8849mm
(ハハノシキュウ MIRI)

今日の2MC
(DOTAMA NAIKA MC)

TEAM一二三屋
(hidaddy CIMA willy Wonka)

バズーカ
(T-Pablow MC★ニガリ)

後ろ指刺され組
(サイプレス上野 MCサーモン)

-DJ-
YANATAKE
-BATTLE BEAT-
jjj/MAYAKU/呼煙魔/hokuto

戦極 MC BATTLE × BREATH式 PRESENTs. AsONE RAP TAG MATCH
戦極MC BATTLE第14章 ×AsONE
-TAG MATCH ULTIMATE-
2016.5.29 LIQUIDROOM

-BEST BOUT-

崇勲×CHICO CARLITO【四筒七筒両面ズ】
VS
SAM×MAKA【栃木2000万パワーズ】

決勝GADORO vs MOL53 因縁の宮崎対決！

【第十五章】
Japan Tour FINAL
(2016.11.06) in TSUTAYA O-EAST

予選大会

2016.6.26戦極MCBATTLE 第15章 Japan Tour 北海道予選×フリースタイルマンション
2016.7.10戦極MCBATTLE 第15章 Japan Tour 山形予選
2016.7.24戦極MCBATTLE 第15章 Japan Tour 東京予選
2016.8.20戦極MCBATTLE 第15章 Japan Tour 宮崎予選
2016.8.27戦極MCBATTLE 第15章 Japan Tour 大阪予選

賞金

50万円

トーナメント表

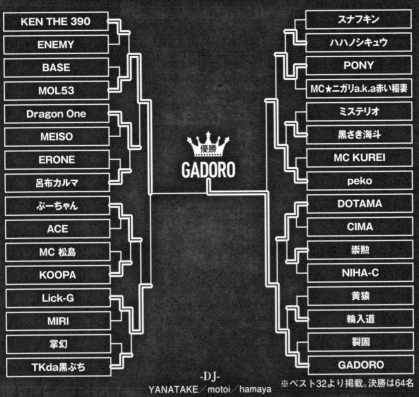

KEN THE 390
ENEMY
BASE
MOL53
Dragon One
MEISO
ERONE
呂布カルマ
ぶーちゃん
ACE
MC 松島
KOOPA
Lick-G
MIRI
掌幻
TKda黒ぶち

優勝
GADORO

スナフキン
ハハノシキュウ
PONY
MC★ニガリa.k.a赤い稲妻
ミステリオ
黒さき海斗
MC KUREI
peko
DOTAMA
CIMA
崇勲
NIHA-C
黄猿
輪入道
裂固
GADORO

※ベスト32より掲載。決勝は64名

-DJ-
YANATAKE／motoi／hamaya
-MPC-
hokuto／呼煙魔

-BEST BOUT-
Lick-G vs MOL53

宮崎の雄MOL53 前章の雪辱を果たす!!

【第十六章】
-DOPE SIDE WEST-
(2017.05.21) in joule

予選大会

2016.12.17 戦極忘年会
2017.2.18戦極MCBATTLE 第16章 裏予選
2017.2.26戦極MCBATTLE 第16章 関西予選
2017.3.19戦極MCBATTLE 第16章 九州予選
2017.4.08戦極MCBATTLE 第16章 沖縄予選

賞金

30万円

トーナメント表

K-razy
スナフキン
ミステリオ
ホロンバイム
まゆちゃむ
ふぁんく
呂布カルマ
SAM
MCマロン
歩歩
Kowree
JAKE
TAKASE
FEIDA-WAN
KBD
山本びんた

優勝
MOL53

MULBE
悪影
MOL53
Disry
ミメイ
黄猿
Hardy
SURRY
T-TANGG
CIMA
晋平太
智大
MAC-T
NAIKA MC
早雲
mu-ton

-DJ-
YANATAKE／PANASONIC
peko／ken

※ベスト32より掲載。決勝は64名

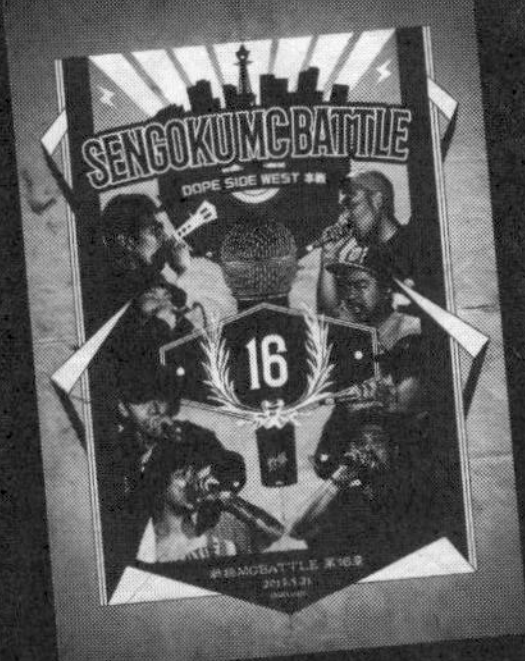

-BEST BOUT-
CIMA vs MOL53

【第十七章】
-THIS IS MILLIONAIRE TOUR FINAL-
(2018.02.17) in Zepp DiverCity (Tokyo)

福島のダークホース、呂布カルマを倒す!!

予選大会

2017.6.17 Battle Fantasista ROUND1／2017.7.24戦極MCBATTLE 第17章予選 記者会見 OPENING GAME／2017.8.12 Battle Fantasista ROUND2／2017.8.19戦極MCBATTLE 第17章 東北ツアー山形予選／2017.8.20戦極MCBATTLE 第17章 東北ツアー福島予選／2017.9.9戦極MCBATTLE 第17章 東京予選／2017.9.30戦極MCBATTLE 第17章 埼玉予選／2017.10.13戦極MCBATTLE U-22関西予選／2017.10.14戦極MCBATTLE 第17章 関西予選／2017.10.29 Battle Fantasista ROUND3／2017.10.22 戦極MCBATTLE ROYAL2017／2017.11.5戦極MCBATTLE 第17章 神奈川予選／2017.11.11戦極MC BATTLE 第17章 福岡予選/2017.12.17 CINDERELLA MCBATTLEⅢ

賞金

100万

トーナメント表

KIRRY
MOL53
BASE
裂固
SIMON JAP
ハハノシキュウ
Kowree
DOPEMAN
GIL
智大
Lick-G
Hardy
peko
mu-ton
晋平太
FRANKEN

優勝
GIL

CIMA
NAIKA MC
MC松島
9for
1回戦両者敗退
Siva
ID
呂布カルマ
Mr.Q
Dragon One
ミステリオ
Core-Boy
JAKE
黄猿
SAM
スナフキン

※ベスト32より掲載。決勝は64名

-DJ-
YANATAKE／SION／motoi
-MPC-
呼煙魔

-BEST BOUT-
GIL vs 呂布カルマ

ベテラン対決を制した新宿ストリートの雄!!

【第十八章】
-The Day of Revolution Tour-
(2018.08.11) in Zepp DiverCity (Tokyo)

予選大会
2018.2/18戦極MCBATTLE 第18章開幕戦／2018.3.25桜花爛漫
2018.4/15戦極MCBATTLE 第18章九州予選／2018.5.6 戦極Crossover
2018.5.13戦極MCBATTLE 第18章東北予選／2018.5.26戦極MCBATTLE 第18章関西予選
2018.5.27戦極MCBATTLE 第18章中部予選／2018.6.2戦極MCBATTLE 第18章関東予選
2018.6.9LOCK CITY CYPHER／2018.6.24凱旋MCBATTLE

賞金
100万円

トーナメント表

NAIKA MC	小池潔宗
スナフキン	漢 a.k.a. GAMI
ミステリオ	MOL53
SIMON JAP	サイプレス上野
TERU	JAKE
CIMA	輪入道
GOTIT	MAKA
GIL	KZ
SAM	キョンス
HIBIKI	mu-ton
D.D.S	だーひー
ふぁんく	JAG-ME
GOLBY	BASE
ERONE	言xTHEANSWER
TKda黒ぶち	9for
呂布カルマ	じょう

優勝
漢 a.k.a. GAMI

※ベスト32より掲載。決勝は48名

-DJ-
CELORY／Marby／peko
SION／WAZGOGG／YANATAKE
-MPC-
熊井吾郎／呼煙魔

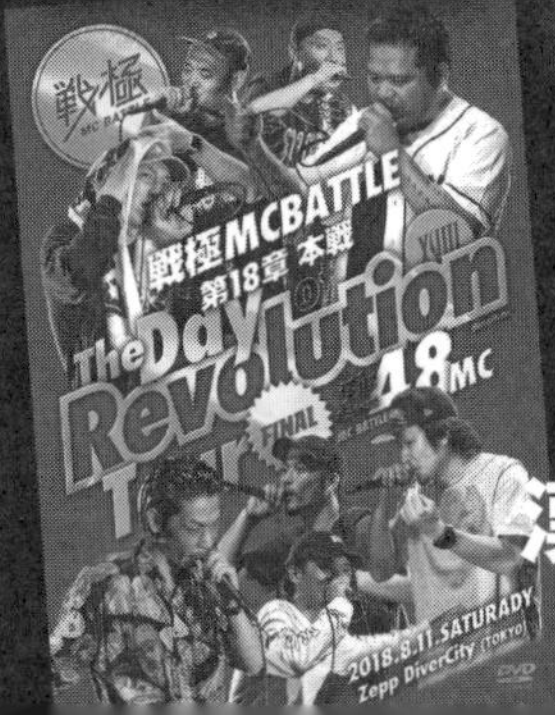

-BEST BOUT-
漢 a.k.a GAMI vs mu-ton

3on3を制したのは90年代生まれの若手ラッパーたち

【第十九章】
-The KING OF FANTASISTA 3on3-
（2019.3.31）in CLUB CITTA'

賞金
100万円

トーナメント表

94-95チーム（MU-TON/SAM/ID）		じょうにがりかしわ（じょう/MC★ニガリ/かしわ）
COLORS（PONEY/句潤/RAWAXXX）	優勝	北海道選抜（MC松島/言×THEANSWER/しろくま）
東海喰種（梵頭/BASE/CROWN-D）	94-95チーム（mu-ton/SAM/ID）	60459（MAVEL/Disry/D.D.S）
も一勝ってまんねん（呂布カルマ/晋平太/NAIKA MC）		罵倒伝二代目（$iva /椿/T-TANGG）
Freak's'（ミステリオ/K-razy/キョンス）		down town（FRANKEN/はなび/黄猿）
梅田サイファー（peko/KZ/KBD）		Millennium Falcon（Novel Core/Hardy/百足）

-DJ-
MR.BEATS aka DJ CELORY／YANATAKE
TIGU／Marby／WA-TA／ゆの
-MPC-
呼煙魔

-BEST BOUT-
じょう
vs
ID

3on3に続きソロで優勝！SAMの時代来る!?

【第二十章】
-そして伝説へ- END OF THE QUEST
（2019.9.15）in 豊洲PIT

予選大会
5.6 戦極MCBATTLE 20章関西予選／5.12 戦極MCBATTLE 20章東北&北海道予選
5.19 戦極MCBATTLE 20章九州&沖縄予選／5.25 戦極令和一番杯／6.23 戦極Rhymers High
7.13 戦極東海猥丸祭／7.20 戦極ナイスパニック杯／8.16 U-22 MCBATTLE 2019 FINAL
8.17 戦極夏祭り 故郷へ..

賞金
100万円

トーナメント表

百足
GIL
BATTLE手裏剣
Authority
MC松島
呂布カルマ
梵頭
SKRYU
Novel Core
漢 a.k.a. GAMI
だーひー
阿修羅
早雲
TKda黒ぶち
ミメイ
Scooby J

優勝
SAM

裂固
SAM
GOMESS
韻マン
T-TANGG
RAWAXXX
Amateras
ハハノシキュウ
ふぁんく
ID
スナフキン
智大
CIMA
NAIKA MC
PONEY
晋平太

※ベスト32より掲載。決勝は48名

-DJ-
MR.BEATS aka DJ CELORY
YANATAKE／TIGU／Gerardparman
Marby／WA-TA／ゆの

-BEST BOUT-
Authority
VS
呂布カルマ

KING OF KINGS

主催者	漢 a.k.a. GAMI
バトル開始年	2015年 決勝大会開催：年1回
開催方式	東西予選を勝ち抜いたラッパーと協力大会の優勝者総勢16名がトーナメント形式で争う
ルール	8小節4本　決着が着くまで延長
審査方法	観客の歓声による判定と審査員による判定の合計ポイント。審査員の判定は10point must systemという厳密なポイント制をとっている。
司会	MASTER
賞金	300万円
概要	MCバトル界の重鎮、漢 a.k.a. GAMIが、2015年から開催し、全国のMCバトル王者を集めて真のバトル王者を決定する王の中の王を決する大会。戦極MCBATTLE、SPOTLIGHT、高校生RAP選手権、ENTA DA STAGE、ADRENALINE、KMB、口喧嘩祭、波の上フェスティバルなど国内有数のMCバトルのほとんどが参戦するまさに真の年間王者を決定する大会。「Beat Get System」というオリジナルビートを勝者が手に入れることができるという特殊ルールもある。

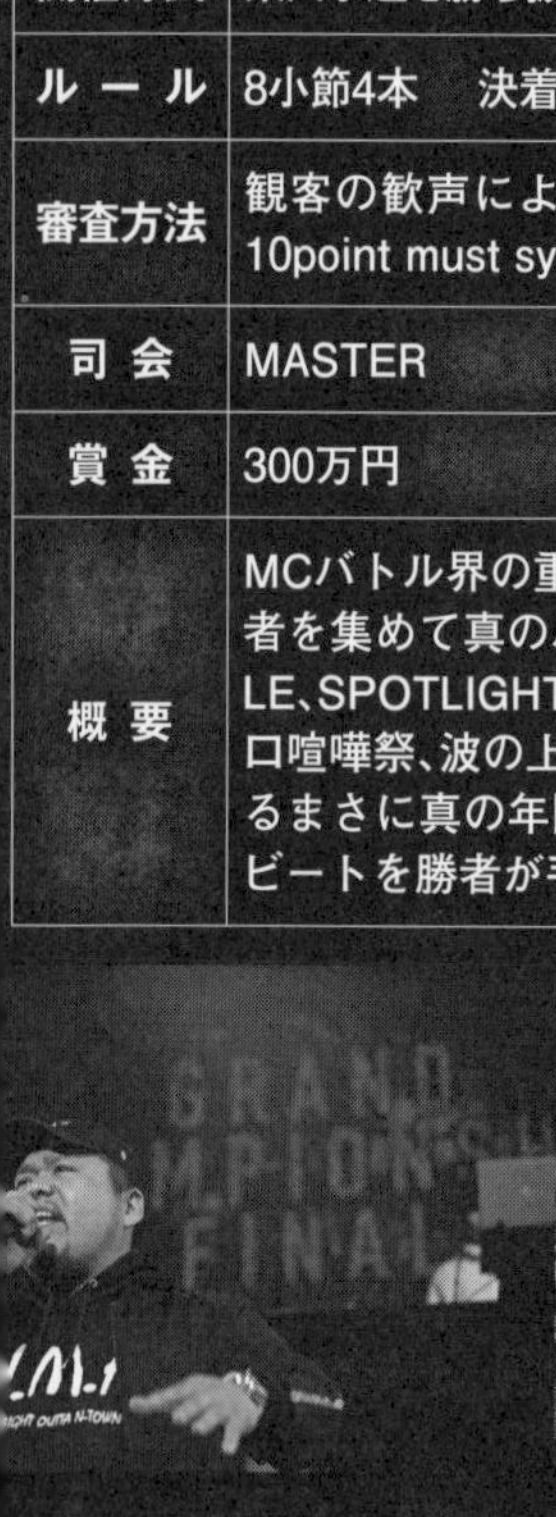
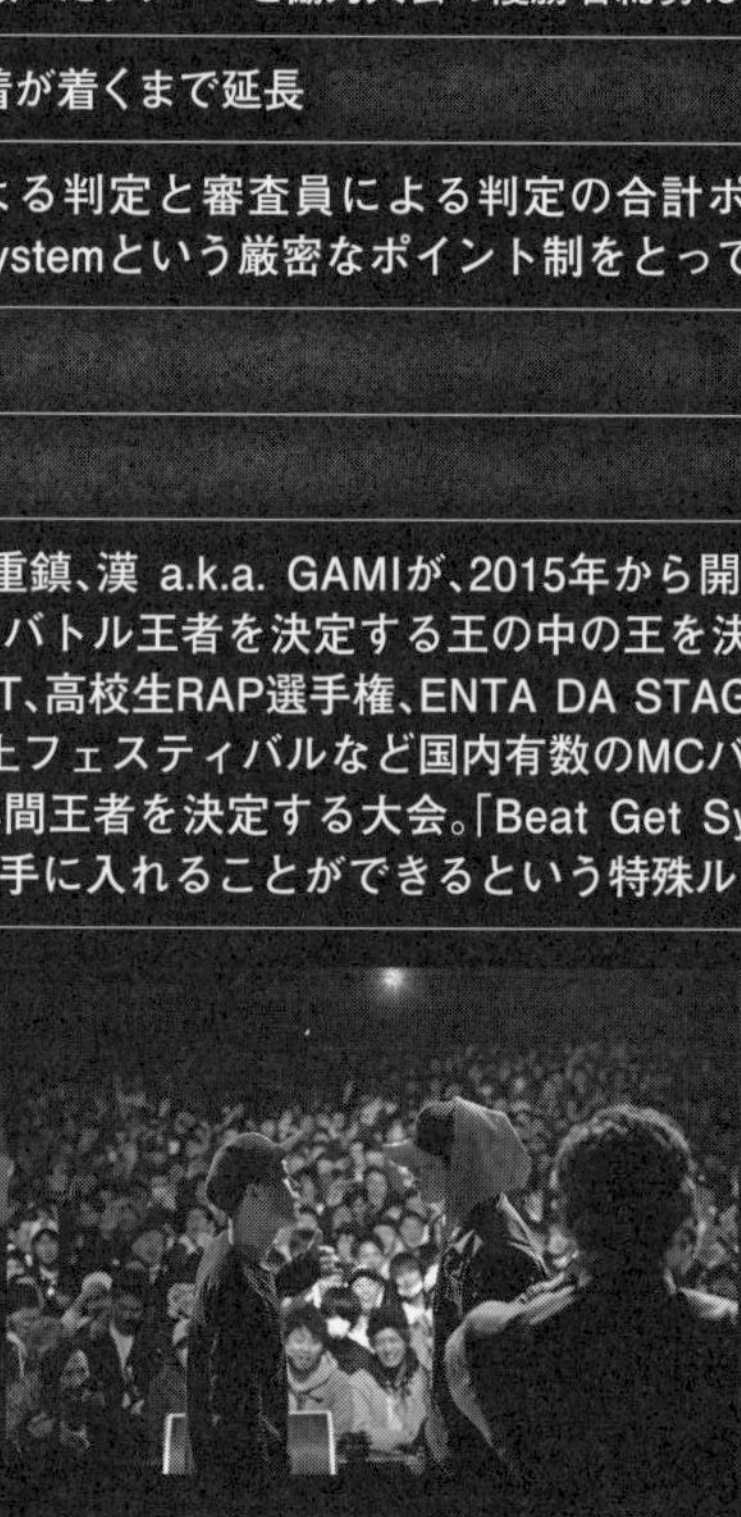
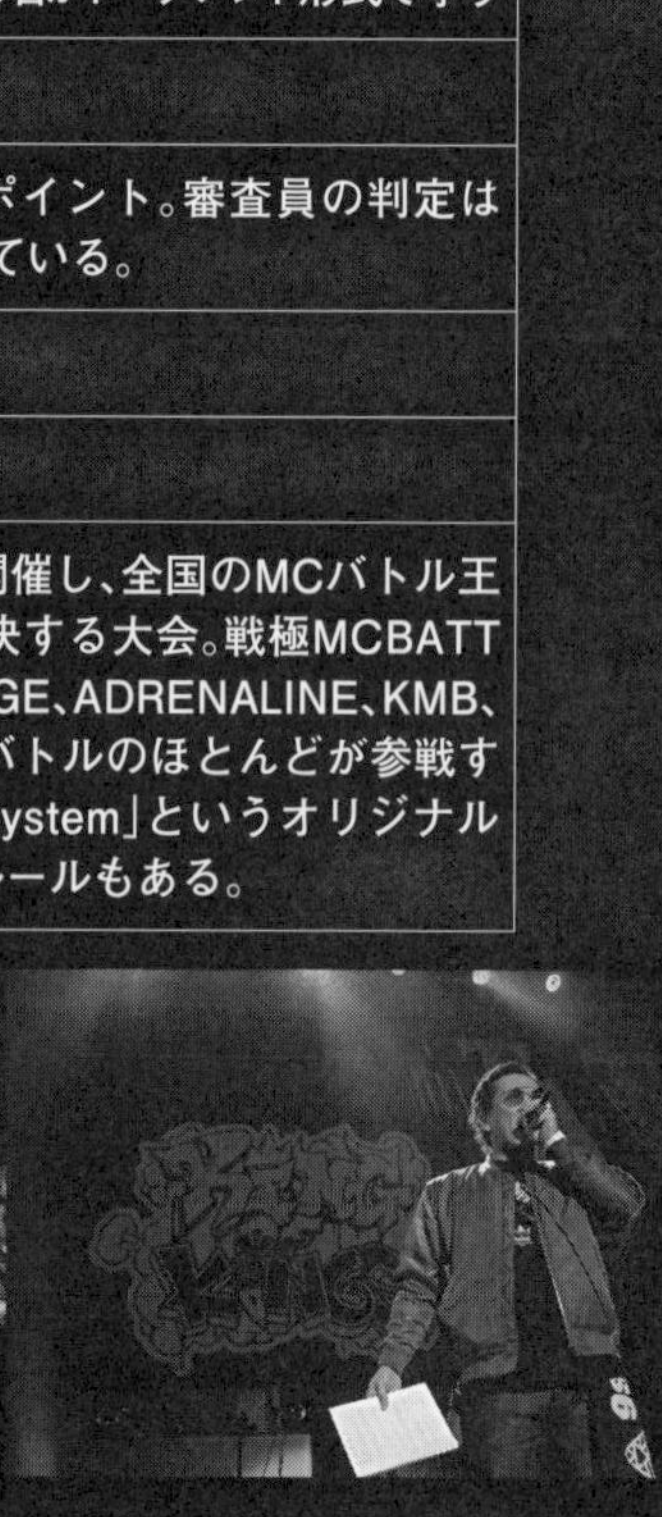

初代チャンピオンは崇勲！

【2015年】

審査方法

予選：審査員判定3ポイント、観客判定1ポイント
決勝：審査員判定5ポイント、観客判定1ポイント

予選

東京予選A at Social Club Tokyo／大阪予選A at アメリカ村DROP／東北予選 at NeoBrotherZ
北陸予選 at club MANIER／東海予選 at Quark／北関東予選 at Club ROC
北海道予選 at MORROWZONE／九州予選 at LIVE HOUSE WEATHERKING
東京予選B at shinjuku LOFT／大阪予選B at アメリカ村DROP／中国・四国予選 at Club No Nine

協力大会

戦極MC BATTLE／THE罵倒 MC BATTLE／高校生RAP選手権
ENTA DA STAGE／SCHOOL OF RAP

決勝

9/23（wed） KING OF KINGS -FINAL UMB- at 新宿ReNY

FINALトーナメント表

司会　MASTER

- サイプレス上野（東京予選A）
- FEIDA-WAN（中国・四国予選）
- MC☆ニガリ a.k.a. 赤い稲妻（高校生RAP選手権）
- GADORO（九州予選）
- CIMA（大阪予選B）
- NAGION（東海予選）
- NONKEY（ENTA DA STAGE）
- 崇勲（北関東予選）

優勝
崇勲

- 仙人掌（東京予選B）
- 押忍マン（THE 罵倒）
- HI-KING aka TAKASE（大阪予選A）
- KAI（北海道予選）
- 呂布カルマ（戦極MC BATTLE）
- Lick-G（SCHOOL OF RAP）
- JAG-ME（東北予選）
- Jony the sonata（北陸予選）

-DJ-
DJ 琥珀／DJ KOPERO

-決勝審査員-
Zeebra／AKLO／KEN THE 390／R-指定（CreepyNuts）／漢 a.k.a. GAMI

-GRAND CHAMPION-
崇勲

因縁の決勝 輪入道VS GADORO!!

【2016年】

審査方法

予選：審査員判定3ポイント、観客判定1ポイント
決勝：審査員判定5ポイント、観客判定1ポイント

予選

東日本予選 at 新宿ANTIKNOCK／東日本予選 at HARLEM／西日本予選 at アメリカ村DROP
西日本予選 at TRIANGLE／東日本予選 at VUENOS TOKYO／西日本予選 at アメリカ村DROP
PLAY OFF at CIRCUS TOKYO

協力大会

戦極MC BATTLE／THE罵倒 MC BATTLE／SPOTLIGHT／高校生RAP選手権
ENTA DA STAGE／SCHOOL OF RAP／ADRENALINE

決勝

2017/1/8(sun) KING OF KINGS 2016 GRAND CHAMPIONSHIP FINAL at ディファ有明

FINALトーナメント表

司会　MASTER

優勝 GADORO

- ACE (KING OF KINGS 東日本予選代表)
- ERONE (KING OF KINGS 西日本予選代表)
- ISSUGI (KING OF KINGS 東日本予選代表)
- SURRY (12/27 KING OF KINGS PLAY OFF)
- GADORO (戦極MC BATTLE代表)
- CIMA (KING OF KINGS 西日本予選代表)
- 裂固 (SCHOOL OF RAP、SPOTLIGHT代表)
- サイプレス上野 (12/27 KING OF KINGS PLAY OFF)

- FEIDA-WAN (KING OF KINGS PLAY OFF)
- HI-KING aka TAKASE (KING OF KINGS 西日本予選代表)
- 崇勲 (KING OF KINGS 東日本予選代表)
- じょう (第10回高校生RAP選手権代表)
- 呂布カルマ (KING DECIDING MATCH)
- 押忍マン (ENTA DA STAGE代表)
- 輪入道 (ADRENALINE、THE罵倒代表)
- Lick-G (12/27 KING OF KINGS PLAY OFF)

-OPENING EXHIBITION "DMC 2016 WORLD ROUTINE"-
DJ YUTO (DMC DJ WORLD FINAL 2016 CHAMPION)

-DJ-
DJ YANATAKE／DJ KOPERO／DJ GATTEM／dj motoi

-決勝審査員-
Zeebra／SATUSSY／鎮座DOPENESS／KEN THE 390／漢 a.k.a. GAMI

-GRAND CHAMPION-
GADORO

宮崎対決を制してGADORO 2連覇達成!!

【2017年】

審査方法

予選：審査員判定2ポイント、観客判定1ポイント
決勝：審査員判定4ポイント、観客判定1ポイント

予選

東日本予選 at VUENOS TOKYO／西日本予選 at Club No Nine／東日本予選 at HARLEM
西日本予選 at CLUB JB'S／東日本予選 at clubasia／西日本予選 at アメリカ村DROP
PLAY OFF at HARLEM

協力大会

戦極MC BATTLE／THE罵倒 MC BATTLE／SPOTLIGHT／高校生RAP選手権
ENTA DA STAGE／SCHOOL OF RAP／ADRENALINE

決勝

2018/1/12（fri） KING OF KINGS 2017 GRAND CHAMPIONSHIP FINAL at Zepp Divercity

FINALトーナメント表

司会　MASTER

- ふぁんく（ADRENALINE）
- PONY（KOK PLAY OFF）
- FEIDA-WAN（西日本代表）
- SIMON JAP（KOK PLAY OFF）
- Dragon One（KOK PLAY OFF）
- BASE（西日本代表）
- NAIKA MC（東日本代表）
- GADORO（DEFENDING CHAMPION）

優勝
GADORO

- T-TANGG（SCHOOL OF RAP）
- スナフキン（東日本代表）
- mu-ton（東日本代表）
- 黄猿（戦極MC BATTLE）
- CIMA（西日本代表）
- 句潤（ENTA DA STAGE）
- MOL53（SPOTLIGHT）
- 喰吐（KOK PLAY OFF）

-OPENING ACT-
DJ RENA／FOUND NATION／TABOO1／KAZZROCK

-DJ-
DJ YANATAKE／DJ KOPERO／DJ ZAI

-決勝審査員-
Zeebra／ERONE（IFK）／FORK（ICE BAHN）／漢 a.k.a. GAMI

-GRAND CHAMPION-
GADORO

【2018年】

審査方法

予選：審査員判定2ポイント、観客判定1ポイント
決勝：審査員判定4ポイント、観客判定1ポイント

予選

5.5(sat) 東日本予選 at VUENOS TOKYO／7.21(sat) 西日本予選 at FLEX LOUNGE
8.26(sun) 西日本予選 at CIRCUS OSAKA／9.16(sun) 東日本予選 at HARLEM
10.20(sat) 東日本予選 at HARLEM／11.4(sun) 西日本予選 at アメリカ村DROP
11.18(sun) 東日本予選 at HOTSHOT JAPAN／12.16(sun) 西日本予選 at CLUB CUBE
12.22(sat) PLAY OFF at HARLEM

協力大会

戦極MC BATTLE／THE罵倒 MC BATTLE／SPOTLIGHT／高校生RAP選手権
ENTA DA STAGE／SCHOOL OF RAP

決勝

2019/1/6(sun) KING OF KINGS 2018 GRAND CHAMPIONSHIP FINAL at 豊洲PIT

FINALトーナメント表

司会　MASTER

NAIKA MC
CIMA
ミメイ
MU-TON
HARDY
D.D.S
がーどまん
RAWAXXX

優勝
呂布カルマ

DARK
BASE
MULBE
輪入道
PONY
智大
呂布カルマ
SIMON JAP

-BREAK DJ-
yanatake／DJ KOPERO／DJ ZAI

-決勝審査員-
Zeebra／ERONE(IFK)
FORK(ICE BAHN)／KEN THE 390

-GRAND CHAMPION-
呂布カルマ

呂布カルマ無双!!

横浜のチャンピオン決定戦!! ENTA DA STAGE

主催者	サイプレス上野
バトル開始年	2015年　開催回数　不定期
開催方式	エントリー制　トーナメント制 音源シード制あり
ルール	決勝戦はドラムとDJが選べる
審査方法	観客の歓声による判定
司会	サイプレス上野&NONKEY
賞金	5万円
概要	全国でも最激戦区と呼び声も高い横浜において、新たな動きをつくり出すべくはじまったMCバトル。地元の未知のMC発掘と経験の場だが、各地の有名バトラーも大会の趣旨に賛同してみずからエントリーを名乗り出る、純度100%のMCバトル。そして、100%パーティである。尚、優勝者は9sari GROUP主催「KING OF KINGS GRAND CHAMPIONSHIP FINAL」に横浜代表として選出される。
2015-2019 優勝者	2015/5/24 NONKEY／2016/1/30 押忍マン／2016/5/22 BALA a.k.a. SBKN 2017/12/24 句潤／2018/12/24 MULBE／2019/11/17 T-TANGG

岐阜『HIKIGANE SOUND』主催 口喧嘩祭!

口喧嘩祭

主催者	HIKIGANE SOUND
バトル開始年	2013年
開催方式	勝ち上がり決定後、次の対戦相手はくじ引きで決まる。
ルール	8小節2ターン
審査方法	オーディエンス判定と審査員判定の総合ポイント
司会	MAKER
賞金	10万円
概要	2013年、岐阜のヒップホップクルー『HIKIGANE SOUND』の主催により柳ヶ瀬clubBLOCKにてはじまった口喧嘩祭。より高い即興性を求め、トーナメント方式ではなくエントリーMCが自ら記名したネームタグを事前にBOXに投入し、司会者がステージ上でオーディエンスの前でBOXから1枚ずつネームタグを引き、その場で先行、後攻含めた対戦カードを発表する形式で行われる。
2013-2019 優勝者	2013 ALCI／2014 2/14 BRAVOO／2015 2/28-9 MAC-T／2016 3/1 BASE／2016 6/4 K.LEE／2017 6/17 SURRY／2017 11/25 HARDY／2018 3/31 RAWAXXX／2018 7/7 梵頭／2019 5/18 CROWN-D／2019 8/24 呂布カルマ

渋谷発! 若い世代がはじめた
毎週開催MCバトル『凱旋×MRJフライデー!!』

MRJ

主催者	MC派遣社員
バトル開始年	2017年8月～
開催場所	恵比寿LIQUID ROOM（ALLSTAR EPISODE-1-） 渋谷CLUB BAR FAMILY（凱旋xMRJフライデー）など 主に渋谷区 年数回地方開催あり
開催周期	毎週金曜日に凱旋xMRJフライデー 大規模を年3～4回回 小規模を1～2ヵ月毎
開催方式	オーディエンスジャッジのみ。原則2度以上のジャッジの確認を行った場合延長へ。
ルール	通常と同じトーナメントルールに加え、Japaneseビート縛り、ベスト4以降観客ビート選択、決勝3本制などの独自ルールを各回ごとに採用。
審査方法	オーディエンス判定と審査員判定の総合ポイント
司会	MC派遣社員
賞金	15万円
概要	観客を含めたMCバトルのエンターテインメント化に向け、草の根的な活動からスターの輩出を目指す。トーナメント方式のMCバトルの定期開催とその動画投稿。常に間口を広く置き、様々なタイプのMCの活躍につなげるべく、若い世代を中心に動いている。毎週金曜日に『FAMILY』でMCバトルを定期開催している。

主催者	スカパーJSAT株式会社
バトル開始年	2012年
開催方式	東京と大阪で開催されるオーディションに合格した高校生がトーナメント形式で優勝を争う。半年に一回ペースで開催。
ルール	8小節2ターン　決勝のみ3ターン　じゃんけんにより先攻後攻を決定
審査方法	審査員の多数決　第3回から『もう一回』の札が用意され、 延長戦も行われるようになった。
レフェリー	DARTHREIDER（1回～10回） HIDADDY（11回～）
DJ	DJ KEN-BO（1回～13回） DJ PANASONIC（14回～）
概要	高校生または高校に相当する年齢であれば誰でも参加できる。東京と大阪でオーディションが開催され、本戦が放送される。第3回からライブハウスを会場としてイベント形式で開催されるようになった。MCバトルがオーバーグラウンドで認知されるきっかけとなる大会となった。
第1回 ～ 9回 Result	第1回 2012年7月23日放送 準優勝 LIL MAN 優勝 K-九 第2回 2012年10月22日放送 準優勝 GOMESS 優勝 Kay-on 第3回 2013年3月23日開催@恵比寿LIQUIDROOM 準優勝 HIBIKI 優勝 HIYADAM 第4回 2013年9月21日開催@赤坂BLITZ 準優勝 DK 優勝 T-Pablow 第5回 2014年3月28日開催@新木場Studio Coast 準優勝 RACK 優勝 YZERR 第6回 2014年10月4日開催@ディファ有明 準優勝 Rude-α 優勝 MCニガリ 第7回 2015年3月29日開催@東京ドームシティホール 準優勝 言×THEANSWER 優勝 MC★ニガリ a.k.a赤い稲妻 第8回 2015年9月19日開催@堂島リバーフォーラム 準優勝 三日月 優勝 LEON a.k.a獅子 第9回 2016年4月18日開催@大阪南港ATC HALL 準優勝 Lick-G 優勝 裂固

【第10回】

2016年8月30日 歴代王者&選抜バトル@日本武道館

LIVE
RHYMESTER

レフェリー
DARTHREIDER

トーナメント表

言×THEANSWER
Ry-lax
R`kuma
ANATOMIA
じょう
写楽
YZERR
RACK

優勝
じょう

Icerey
LEONa.k.a獅子
Lick-G
裂固
MC★ニガリa.k.a赤い稲妻
Rude-α
EINSHTEIN
T-Pablow

-DJ-
DJ KEN-BO

記念すべき武道館開催!!

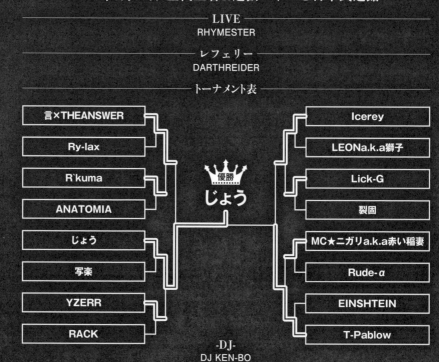

ニューカマー9for・Core-Boy現る!!

Opening Act

ダンスチャンネル第1回高校生DANCEBATTLE選手権

レフェリー

HIDADDY

トーナメント表

-DJ-

DJ KEN-BO

群雄割拠の大会を制したCore-Boy

【第12回】

2017年8月16日・17日 @幕張メッセ

LIVE

EINSHTEIN&言×THEANSWER／ちゃんみな／BAD HOP／Creepy Nuts
NITRO MICROPHONE UNDERGROUND／ANARCHY／AK-69

レフェリー

HIDADDY

トーナメント表

MOGURA
よんろく
KIKI
CESIA
Luiz Alves
G-HOPE
NOMAN
hMz

優勝
Core-Boy

Red Eye
JB
いそじん
TERU
だーひー
Spada
HARDY
Core-Boy

-DJ-
DJ KEN-BO

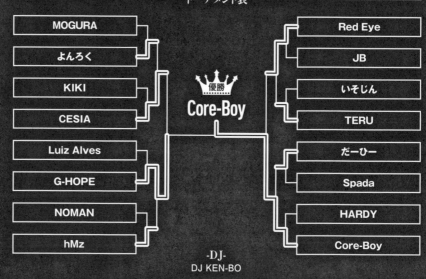

【第13回】

2018年3月17日 @豊洲PIT

レフェリー

HIDADDY

トーナメント表

Red Eye	十六夜
阿修羅	Luiz Alves
T-Swagg	$ph1N
Kai-Tone	LITO
達磨	hMz
U-mallow	風立
コウキa.k.a仏	FXAR
HARDY	G-HOPE

優勝

G-HOPE

-DJ-

DJ KEN-BO

G-HOPE二度目の正直で優勝!!

前年の雪辱を果たしHARDY優勝!!

【第14回】
2018年8月31日@Zepp名古屋

レフェリー
HIDADDY

トーナメント表

藤KooS	Ono-D
空音	yuto
hMz	Journey
MCリトル	LITO STILLFIGHT
十六夜	Loco
Rabbit	Hot Pepper
Red Eye	RAGA
Kai-Tone	HARDY

優勝
HARDY

-DJ-
DJ PANASONIC

【第15回】

2019年4月3日 @新木場 studio coast

レフェリー
HIDADDY

トーナメント表

Novel Core	百足
FAMOU$	ZERO-CORE
MOGURA	hMz
MCリトル	Loco Frankkiss
Lil bei	LEM
無欲	韻マン
藤KooS	ベル
我琉	HARDY

優勝
百足

-DJ-
DJ PANASONIC

10代にしてバトルシーンで大旋風！

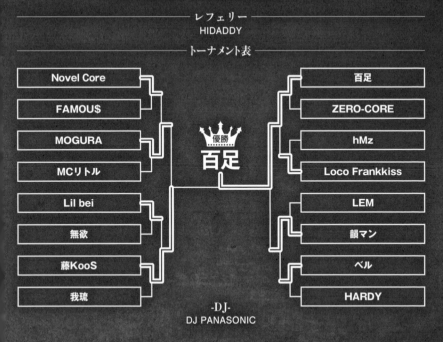

【第16回】
令和元年スペシャルトーナメント

2019年7月24日@新木場 studio coast

レフェリー

HIDADDY

トーナメント表

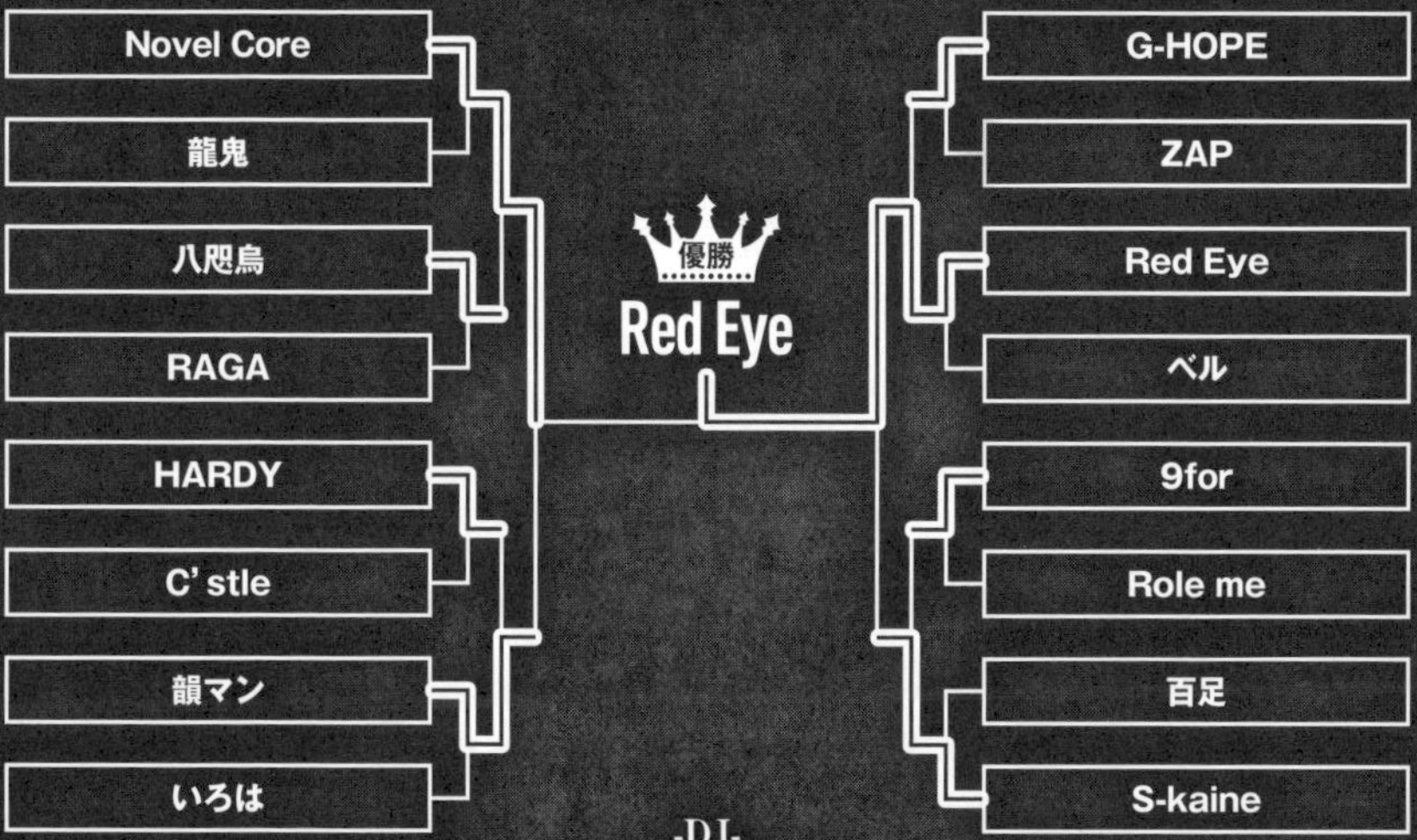

-DJ-

DJ PANASONIC

大阪の悪童が遂に勝利!!

FREESTYLE DUNGEON
フリースタイルダンジョン

主催者	テレビ朝日
バトル開始年	2015年
開催方式	チャレンジャーがMCバトルでモンスターを倒し、賞金獲得を目指すテレビ番組。
ルール	8小節2ターン　3ROUND勝負　2ROUND先取で勝利　先攻後攻はチャレンジャーの選択権あり　1回の勝利ごとに次回のチャレンジをするかするかしないかの選択が可能。敗北の場合は没収。7th seasonからはダンジョンルーレットを採用。
会場	有楽町『CLUB DIANA』　新木場『STUDIO COAST』(2nd seasonより)
審査方法	審査員判定5人　判定が満場一致になるとクリティカルでその時点で勝利が確定。
メインMC	Zeebra
進行	UZI(1st-5th.)サイプレス上野(5th-)
賞金	1st BATTLE 10万円　2nd BATTLE 20万円 3rd BATTLE　30万円 4th　BATTLE 50万円　FINAL BATTLE 100万円
審査員	いとうせいこう　LiLy KEN THE 390 漢 a.k.a. GAMI ＋ゲスト審査員(1st seasonのみ晋平太)
概要	テレビ朝日で毎週火曜日深夜1時26分から放送されているMCバトルとヒップホップエンターテイメントを楽しむことができるバラエティ番組。チャレンジャーが賞金獲得を目指し、モンスターを次々と倒してラスボスを倒せば制覇というダンジョン形式のバトルを行う。第82回よりAbemaTV内機能Abemaビデオにてオンデマンド配信が開始。
ダンジョンモンスター紹介	・初代モンスター 1st season〜3rd season(CHICO CARLITO、DOTAMAは2nd season〜) R-指定／漢 a.k.a. GAMI／サイプレス上野 T-Pablow／CHICO CARLITO／DOTAMA ラスボス／般若(〜5th season) ・2代目モンスター 4th season〜 ACE／崇勲／FORK／呂布カルマ／裂固／輪入道／ラスボス／般若 ・3代目モンスター 7thseason〜 ID／TKda黒ぶち／ERONE／FORK／呂布カルマ JUMBO MAATCH／ラスボス R-指定(6th season〜)

【1st～3rd season 名パンチライン&ハイライト】

1st season

般若
vs
焚巻

般若「バイトじゃねぇ
俺はＨＩＰ ＨＯＰに
就職」

3rd season

NAIKA MC
vs
FORK

ＦＯＲＫ「お前のスタイルが
王道になっちまうんだったら
今後バトルの熱は相当冷める
それが正義だって言う
ＨＩＰＨＯＰシーンなら
俺は抜いた刀をそっと収めるよ」

NAIKA MC
vs
般若

般若「俺は仲間なんか
いなくたっていい
死んでもラップする
骸骨になっても」

晋平太が初の完全制覇!!
漢
vs
晋平太
戦で審査員も涙!

漢「とうとう来たな
この時が!」

【4th〜5th season 名パンチライン&ハイライト】

5th season

R-指定 vs FORK

FORK「布団が吹っ飛んだ
これは駄洒落だ
布団が俺に吹く強烈な追い風に
乗って吹っ飛んだ
これはライムだ」

「俺が般若
みんな感謝」

般若引退試合 般若 vs R-指定

般若「世代も越える　全てを越える
俺は自分に問える　十何年前の俺に問う
こんな天才とやってんだって
現代現役これでラスト　俺にはあるよ覚悟」

R-指定「荷が重い
でも絶対に俺はそこを逃げない
男として正面戦う姿勢
全部あんたから学んで来たぜ
感謝尊敬一言じゃ
いや　韻踏みながらなんて
伝えらんねぇな」

「感謝 般若」

【6th〜7th season 名パンチライン&ハイライト】

6th season

FORK「お前は試合に勝ったが勝負には負けた
勝敗なんてただのおまけだ
わかるだろ」

ふぁんく
vs
FORK

7th season

輪入道「責任をとる
ちゃんと目見て
これがお前を生んだ
男のけじめ」

3代目モンスター決定戦**裂固**
vs
輪入道

TKda黒ぶち「絶望に
エスコートされる事がある
だけど希望を目にして
別行動したいんだよ」

TKda黒ぶち
vs
輪入道

『B BOY PARK』MCバトルというはじまりの話

実行委員長 CRAZY-A インタビュー

日本初のMCバトルを開催した『B BOY PARK』MCバトル。実行委員長のCRAZY-Aと実行委員のFUに話を聞いた。

ホコ天からはじまったブロックパーティ

CRAZY-A（以下CRA）　僕は元々南千住の下町で育って、10代の頃は結構やんちゃしてました。ヒップホップはダンスから入ったんですけど、ちょうど時代的に映画『WILD STYLE』※1を見るんですよ。そうすると何となくヒップホップの全体像が見えてきて、現場の雰囲気がわかってくるんですよね。あれが何となく僕が生まれ育った団地のゲットーな地区と似ているような感じもあったんです。

それで、当時まだ原宿のホコ天があって、83年頃だからもう終わりかけだったんですけど、どうもホコ天でダンスをやっていると聞いて行ったんですけど、やってなかったんですね。

でも、当時ディスコロボっていうでっかいラジカセがあって。それがホコ天にポツンと置いてあって、そこでちょっと見てたら何となく輪っかができて踊ってるような奴がいたんですよ。そこで、踊らせてもらったりしてたんですよね。当時まだ竹の子族とかローラー族とかもいて、そういういろんなものをやってる中ではじめたんですよね。

それを毎週やってました。情報が全然なかったんで、毎週そこでやってればヒップホップな奴らが来るんじゃないかってことで、今でいうサイファー的なことをやってたんですよ。

MUROとかDJ KRUSHとかもそこに来てくれたんですね。もうターンテーブルも自分で手に入れて、フェーダーなんてなかったから秋葉原行って自作してやってましたね。だから、ダンスだけじゃなくてDJもあるし、MCもやったりしてましたね。当時はラッパーっていうのはいなくてDJを盛り上げるMCだけでした。ストリートのブロックパーティだから、やっぱりダンスがメインではありました。

元々の話をするとヒップホップってダンス、MC、DJ、グラフィティっていう4大要素のことを指すんですよ。音楽っていう意味では、音楽の歌が入

FU　初期B BOY PARK実行委員会のMC BATTLE担当。現在はフリーランスのプロデューサーとして幅広く活動。

※1『WILD STYLE』　ニューヨーク、サウスブロンクスを舞台にダンサー、DJ、ラッパー、グラフィティが登場する当時のストリート事情を描いた映画。ヒップホップムーブメントが生まれる瞬間を捉えたものと言われている。

原宿のホコ天で『WILD STYLE』を真似てブレイキン

ってないビート部分を使うっていうシンプルなことなんですね。

それで、少しヒップホップが盛り上がって来た時に風見しんごさんが『Electric Wave』っていうダンスクルーをバックダンサーに使ってたから、それに参加したりとかしてました。全国ツアーがあったんで、全国でブレイキンのダンスバトルをやってました。

クラブとかでやる感じではなくて、ブレイキンって本当にストリートでやるものだったから、もっぱらストリートバトルをやってましたね。

で、90年代に入ると段々と若い人がヒップホップパーティをやりはじめるわけですよ。当時はダンサーだけのイベントでクラブチッタが埋まるような感じになってきてましたし、ラッパーはラッパーだけで大きなイベントをやるようになってました。でも、僕はヒップホップってそういうものじゃなくてライフスタイルなんだよ、生活の一部なんだよっていう意味あいも含め、屋外でやるストリートのブロックパーティ的要素として『B BOY PARK』をはじめたんですよね。

Zebraなんかはブレイキンもやってたし『ROCK STEADY CREW』※2なんかと一緒にニューヨークに行ったりしてたんで、その頃から交ざってやってました。俺もニューヨーク行った時に『ROCK STEADY CREW ANNIVERSARY』っていうイベントを見て、その日本バージョンをやりたいっていうことではじめたんですよ。

今のムーブメントって90年代に流行った時の連中が担ってるから、80年代のオールドスクールな俺らからするとちょっと違うなって思うところはあるんですよね。もう俺なんかは本当に生活の中の何かちょっとしたことを、楽しみに変えるっていうことがヒップホップだから。

※2『ROCK STEADY CREW』ヒップホップという言葉が生まれる前の1977年に誕生したB-BOY集団。主催CRAZY Legs。日本に来日した際にCRAZY-Aに出会い『ROCK STEADY CREW JAPAN』をCRAZY-Aが設立。

ヒップホップ4大要素を再認識してもらうための『B BOY PARK』

FU　MCバトルもそのヒップホップの要素のひとつとしてはじめたんですよ。当時、競技的なものは全くなくて。それにダンスは基本フリースタイルでやるし、バトルがいつでもできるっていう前提にあったりする中で、MCにもそれができるはずだっていうのもあって。ちょうどその頃バトルはなかったけど、フリースタイルをステージでみんなやりはじめた頃ですよね。

僕なんかは『FG NIGHT』でKREVAのフリースタイルを見て、これはそろそろできるんじゃないのって思ってはじめてたんですよ。ただ、はじめてのことだったんで、もう完全にみんな手探りでしたけどね。

最初の年は音源をリリースしてるようなセミプロにこっちから声をかけてやってもらってて、次の年から予選をするようにして、フリースタイルをした音源をテープ審査してやってたんですよ。

確か1回目は『ASIA』でやったんですけど、もう人が入りきらないくらいパンパンに入っちゃって。ルールは小節じゃなくて1分間で区切ってターンする感じでしたね。審査基準も審査員が旗で決める感じでやってて、観客が決める感じではなかったんですね。本当にルールを決めるのは大変でした。元々ないものだったんで。ダンスの場合は、どっちが先に出るっていうものでもないですから。

そしたら何年か経って、審査員なんかいらねーみたいなことになったんですよね（笑）。まぁ、こちらとしてはそうやって自分たちでいろんなことを決めて、やっていくようになってほしかったから、それで全然よかったんですけど。

CRA　漢があぁいう感じでやってくれて、むしろ全然どうぞどうぞお願いしますっていう感じだった。やりたい奴らがいれば、やればいいって思ってましたから。何しろ僕はダンスのバトルはやってましたけど、MCバトルに関して自分はやってるわけではなかったですからね。そうやってやりたいと思った奴がやっていくようにならないと、ヒップホップが文化として確立していかないんじゃないかっていうのはありましたね。

俺からしたらどこまでいっても遊びが大事だし、本来は自然発生的なものでいいと思っているわけだから。でも、ブレイキンも今やオリンピックの競技になろうとしているし、それはそれでいいと思ってます。ダンスはもう10年先を行ってるんですよ。MCバトルはまだまだ熟れてないと思うんです。正直、相手をディスって勝つだけじゃダメだと思うんですよね。技としてはあるんですけど、自分のオリジナルのテクニックで懲らしめるっていうようになんないとダメなんですよ。

FU　でも、はじめた当初はやんちゃな奴らをどうするかっていうのはありましたね。出る本人だけじゃなくてまわりのヤバいクルーは楽屋に入れないようにしたりね（笑）。かつ、あんまりショーマンシップになりすぎないように、ギラギラさせたかったんで、携帯禁止、私語禁止にして全員椅子に座らせたんですよ。で、勝った奴は椅子に座らせる、負けた奴は座らせないっていう、ちょっとした差をつけることで緊張感を維持できるようにしてました。トイレ行く時と水がほしい時はスタッフに言ってっていうようにしたら奴らは極限に追い込まれるから、ステージ上は凄いピリピリした感じになるでしょ。

ただ、みんなキャラが濃いから袖で喧嘩になりかけたりとかしてはいましたね。そこを抑えるために最後は握手させたり、暴力の代わりにラップやってるんだよっていうのを教えるようにはしてましたね。

CRA　まぁ、『ズールー・ネイション』※3の教えから読み解いていくと、反権力だったり、弱い立場の奴のためであったり、非暴力だよっていうことがあるからね。

FU　それでも、結構揉め事が多くなっちゃって不満が凄くなっちゃって、2004年に1回やめたんです。漢たちが『UMB』はじめる時も、実行委員会にも相談があったし、別に決別したとかではないんですよ。

CRA　でも、はじめた当初から20年は経ったわけで、完全に根付いたよね。まさか日本語でこんな風になるとは思わなかったから。当時は、よくわかんない感じでラップを取り入れてるようなのもいたから、ヒップホップって本来こういうものだぞっていうのを知ってもらうためであったり「ズールー戦士」を育てるためにやってた感じはありましたからね。それがある程度、形になってくれてるような気はします。

CRAZY-A

ヒップホップカルチャーの黎明期からその礎となった、ダンサー、MC、プロデューサー。日本ではじめてBボーイと呼ばれた。ダンスクルー『東京B-BOYS』『エレクトリック・ウェーブ』のメンバーとして80年代に活躍。『B BOY PARK』の創始者である。『ZOO』のNAOYAは弟。アメリカのヒップホップダンスチーム『ROCK STEADY CREW』の日本支部『ROCK STEADY CREW JAPAN』のリーダー。

PROFILE

『B BOY PARK』

1997年から2017年まで代々木公園の野外ステージで毎年夏に参加費無料で開催されたヒップホップのブロックパーティ。ダンス、MC、DJ、グラフィティというヒップホップの４大要素を普及することを目的としていた。MCバトルは1999年から開催し、2004年は一旦中止になり、2005年に一回のみ復活し、2009年から新たな形で復活した。

※3『ズールー・ネイション』　ニューヨークで一大勢力を誇ったギャング組織『ブラック・スペード団』の総長だったアフリカ・バンバータが1973年に結成した非暴力組織『ユニバーサル・ズールー・ネイション』。また、バンバータは DJ、ダンス、グラフィティ、MCの４大要素を総称して“ヒップホップ”と命名した。

“Dis”をゲームとして魅せるヒップホップを創造

Zeebra

MCバトルの礎、そしてオーバーグラウンドへと繋いだ HIP HOP LOVER

『高校生RAP選手権』
『フリースタイルダンジョン』という
MCバトルを世に知らしめるための
もっとも大きな功績を果たした
HipHopスターZeebra
その背景のすべてを語った

本場ニューヨークで見た『ニューミュージックセミナー』の衝撃

はじまりは『Ｂ ＢＯＹ ＰＡＲＫ』だと思うんですけど、ちょうどアキラくん（ＣＲＡＺＹ－Ａ）とかとニューヨークの『ＲＯＣＫ ＳＴＥＡＤＹ ＡＮＮＩＶＥＲＳＡＲＹ』に出演するぞという話になった時に「お前ＲＯＣＫ ＳＴＥＡＤＹ ＭＣになれ」って言われて、入れてもらって一緒に出演したんですよ。その時期にニューヨークに何度か行ってて『ニューミュージックセミナー』っていうダンスミュージックを中心に新しい音楽を盛り上げるコンベンションみたいなのがあって。それが凄い大規模なんですよ。一箇所はＤＪバトルだけやったりとか、一箇所はＭＣバトルをやってたりだとかしてたんですね。要するにダンスもライブもバトルも全部あるようなカンファレンスなんです。そういうのを見てこういう総合的なカンファレンスみたいなものはやるべきですよっていうことはアキラくんに

PROFILE

Zeebra 1971年4月2日生まれ。1995年『キングギドラ』としてデビュー。言わずと知れた日本ヒップホップ界の中心人物。24時間ヒップホップ専門ラジオ局『WREP』主宰。

フリースタイルを日本ではじめてやった『FG』と『UBG』

言ってたんです。

それで99年の『B BOY PARK』からMCバトルもやることになるんですけど、日本のフリースタイルって、最初にできたのが『FG』（FUNKY GRAMMAR UNIT）のK・I・Nちゃんとうちの『UBG』（URBARIAN GYM）のT・A・K・THE RHYME HEADと言われてるんですよ。だから、その2人を中心にまわりの奴らもバーッとフリースタイルを練習してたんですね。そういう中で『FG NIGHT』で一回だけバトルをやってみたんだよ。盛り上がったんだよね」っていう話を聞いたんです。そこからMCバトルができるんじゃないかっていう話に繋がるんですね。

ルールは『ニューミュージックセミナー』の見よう見まねだったんですけど、そこが大きな失敗だったんですよね。向こうだとDJでもMCでも両方が審査員でいるんですよ。それこそアフリカ・バンバータとかDJ YUTAKAとか。つまりレジェンドたちが決めるっていう方式なんですね。だから『B BOY PARK』でもレジェンドを並べてやるんですけど、そもそもの違いとしてアメリカ人は、韻を踏むとかいう文化を小学校とかから知ってるんですよ。向こうは、いわゆる詩とか童謡とか普通のロックミュージックでも韻を踏むのが当たり前なんで、誰でも韻の良さとかセンスを大体理解できるんです。日本人だと英語の音楽を特に理解しないで聴いてる人も多かったから、そのセンスを理解して審査するのも難しかったんですよね。その結果荒れてしまったというのもあると思うんです。

まぁ、最初KREVAなんかも3連覇してスゲーいい形ができたんですけど。そのあとくらいに『ICE BAHN』と『妄走族』が揉めた2003年にちょっと破綻しちゃうんですよ。もうまったく制御不能になるんです。まぁ、あの頃というか90年代後半からって割とサグっぽいというか不良系のラッパーがUSでも流行りはじめてて、日本でも同じような流れができてきてたから、時期的に荒れてたということもあるとは思うんですけど。

その後、2009年頃にちょっとまたSEEDAとかの新しい世代が出てきている感じがあって、『B BOY PARK』も新しい形を模索している時にまたMCバトルを取り入れようということで、ダースレイダーなんかを絡めてU-20とか3on3をやるんですよ。そこは『UMB』とは差別化しながら毎年やるようになっていくんですよね。それからまたしばらく経って2012年に『高校生RAP選手権』があるんです。

『フリースタイルダンジョン』をゲームとして大衆が夢中に

2000年頃に僕の密着ドキュメンタリーをやってくれた知り合いのプロデューサーが『BAZOOKA!!!』の担当になった関係でつきあいができるようになって、高校生相手のコンテンツをやりたくて相談しに行ったら「MCバトルってできないすかね」っていう話に繋がって。「『U-20』もやってるし、できるんじゃないすかね」って事で『高校生RAP選手権』がはじまるんです。そのタイミングで、そろそろ審査する側も成熟してきているだろうし、オーディエンス判定っていうのは、友達たくさん連れてきたもん勝ちみたいになる傾向があるなって思う部分もあったんで、審査員制度をまたもう一回やってみたんですよ。

そうしてやっていく中で、こいつら卒業したらどうなるんだろうなっていうのがあって。まぁ、普通に『UMB』とか『戦極』に出るんだろうけど、テレビでやんねーしなっていうのがあって。甲子園だけテレビでやって、プロ野球をテレビでやんないのまずくねって思ったんですよ。それで最初は、誰にも言わずに企画書をつくってたんです。その時にもうタイトルを、自分の曲名から『フリースタイルダンジョン』ってつけてました。クリティカルで勝利するとかのルールはその時にはすでにできてましたね。

ちょうどその時、テレビ朝日のあの枠が元々サイバーエージェントが持ってたスポンサー枠で、半年ごとに新しいコンテンツを入れてバズるかどうかうかがってたみたいな枠だったんですね。その時に社長の藤田君から連絡が来て「今の番組が終わるんだけど『高校生RAP選手権』持って来れないかね」っていう話をもらうんですよ。藤田社長は実は雨の『さんピンCAMP』に1人で行ってたってくらいのヒップホップ好きで。それ以前にも『シュガーヒルストリート』っていうヒップホップ番組を藤田社長の出資でやってたりとかしてるんですよ。

それで、『高校生RAP選手権』はすでにスカパー!のキラーコンテンツになってたからちょっと難しいかもしれないっていうのがあって『フリースタイルダンジョン』の企画書を見せたんです。そしたら「このままこれできそうですね」っていうことで番組が決定するんですよね。会議の段階で「タイトルがいいんですよね」っていう話になって、もっとダンジョンに寄せてみて、モンスター四天王が出てきて『料理の鉄人』みたいなイメージでやったらいいんじゃないってことになったんです。

最強とか一番を決めるのは『UMB』とか『KING OF KINGS』でやってるっていうこともあって、俺は最初から「『フリースタイルダンジョン』

は一番を決める大会じゃなくてあくまでゲームのエンターテインメントだから」っていうことは言っていて、民放ではじめて見た人がいきなり面白がれるっていうことに重点を置いたんですよ。

モンスターのチョイスも無双状態のR-指定は絶対入れたいし『高校生RAP選手権』で活躍しまくってるT-Pablowも外せない。で、四天王がいてダンジョン的なラスボスがいるって話までいってたから、ラスボス？般若？っていうラスボスのイメージ先行で決まった感じだったんですよね。ずっと眠ってた獅子を起こすみたいなの面白いんじゃない？っていうのがあったんですよ。それで、ストリート系の漢とジョーカーのサイプレス上野って感じで決まりましたね。

般若の独特のファッションとか、なぜかACEがいる感じとかも全部自分でプロデュースしてやってもらってるんですよ。モンスターに関しては般若が軍曹でDOTAMAが参謀みたいな図式がいつしか出来上がってましたね。

俺と般若にはホットラインがあって、何か問題点があると般若と俺でやりとりして、俺が制作側との間に入って直していくっていうようなことがありました。それで番組としても面白く、出演者としても納得のいく形っていうのを作っていったんですよ。

『高校生RAP選手権』とか『フリースタイルダンジョン』によってMCバトルをかなり広くオーバーグラウンドに知ってもらうことができたかなとは思います。MCバトルってある意味ディスる文化そのものだと思うんですけど、僕とかが過去に〝ビーフ〟とか歌詞の中で誰かをディスることってヘッズには受け入れられたけど、一般層には受け入れられなかった背景もあったんですね。

それは日本と欧米の文化の違いみたいなものもあって。欧米だと子供の頃からディベートすることというか、2つに分かれて意見を戦わせることが日常化しているような所があって、大統領選挙なんかもエンターテイメント化するくらいディベート文化があって、日本だと基本そういう文化の下地がなかったから受け入れられなかったのかなと思っていて。

だから、こういうまさにエンターテインメントな〝ゲーム〟として魅せることで、いわゆる一般層でも面白さを認知してもらえたのかもなとは思いますね。あとは、バトル第1世代であるMC漢とか般若が大人になって、成熟して牽引してくれるという意味でもタイミングが良かったんだと思うんですよ。

今、実はもう次も考えてまして。『AbemaTV』なんですけど、その名もズバリ『ハイスクールダンジョン』。高校生で『フリースタイルダンジョン』をやろうと思ってるんですよ。2020年の2月スタートの予定で動いてます。モンスターも高校生がやって、基本高校生同士のバトルですね。ラスボスだけ卒業した年の子がなれることにしようと思うんですけど。もう本当に凄い奴らがどんどん出てくるんで、まだまだ楽しみですね。

『3on3』『高校生RAP選手権』MCバトルの新しいカタチを築いたナード系 ダースレイダー

『3on3』
『高校生RAP選選手権』
MCバトルの
新しいカタチを築いたナード系

今や『NEWS RAP JAPAN』の
司会の印象が
強くなってきたラッパー、ダースレイダー。
実は、彼が『UMB』の優勝者で、
『3on3』や『高校生RAP選手権』など
日本のＭ Ｃバトルに新たな方向性を示し
ナードラッパーがその市民権を
得るために一番大きな貢献をしていたことを
ご存じだろうか?
その足跡を聞いた。

東大一直線からヒップホップの世界へ

予備校からヒップホップ沼へ 気づけばメジャーデビュー

僕はパリ生まれのロンドン育ちなんですけど、4歳までパリにいて、そのあと10歳までロンドンなんです。父親が新聞社の仕事で海外支局に勤めていて。10歳で帰ってきて、5年生の時に大学受験するって決めて、東大目指して頑張ったんですよ。でも、応援してくれてた母親が中3の時にガンで亡くなってしまうんですね。凄い活発で芸大の油絵科の出身の人だったんで、変わってたけど元気な人だったんで、かなりショックな出来事でした。

で、受験てことになった時に、僕はサッカーばっかりやってて勉強してなかったんですよ。それで現役でダメで、浪人生になって御茶ノ水の駿台予備校に行ったんですよ。

それまで音楽はずっとロンドン育ちだったのもあって、UKロックとかアメリカのオルタナティブロックを聴いていて。高校くらいになるとヘビメタとかモッズみたいなのを聴いてる奴も出てきたんですけど、全然ヒップホップを聴いてる奴はいなくて。

僕がはじめてヒップホップ的な音楽で衝撃を受けたのは『ビースティボーイズ』。でも、それはヒップホップとしてというよりはロックの連なりとして聴いていたんですよね。

で、駿台に行ったら、3号館っていうのが東大生を目指す人用の校舎で、その上の階に自習室があって、みんなそこで勉強してるんですけど、そこにラジカセを持ってきて、全身Bボーイファッションの金ちゃんて呼ばれてる奴がいたんです。みんな勉強してるのに、ラジカセをかけてラップしてるんですよ。

最新のヒップホップを聴いて、最新のファッションで、顔もカッコいいんですけど、3浪してるっていう奴。で、この人は一体何してるんだって思って聞いたら「これはラップっていって今一番イケてんだ」っていうわけですよ。それでその時に『キングギドラ』『RHYMESTER』も教えてもらったんです。しかも、その人は楽器もできない、歌も歌えないにも拘わらず、音楽をやってるんです。これなら僕も音楽できるんじゃないかなと思いましたね。

そしたら同じ予備校に日本のヒップホップ好きっていうのが結構いて、その入学した1996年の夏に『さんピンCAMP』があって、それにおさえておかなきゃいけない奴は全部出ると。行こうよみたいな話になったんです。別にチケットも買ってなくて、その日は雨だったから、普通に野外イベントで雨だったらやらないでしょって行かないでいたんです。そしたら、次の日予備校でみんな興奮状態で「凄かった!」みたいに言ってて。俺も見逃してしまったと思って、御茶ノ水のレコードショップとかでレコードを買い漁るようになるわけです。で、ラップっていうのは歌詞を書くものだっていうから「よし! じゃあ僕も歌詞を書こう」ってい

はじめてのバトルは『SOUL SCREAM』のE.G.G.MAN

うことになるんですよ。

そしたらラッパー名を名乗らなきゃいけない。本名が礼だったし、名前が長い方がチラシの占有面積が大きくなるだろうってことでダースレイダーになったんですよ。

で、その金ちゃんはお金持ちだったから、自宅にスタジオがあったんです。1階が親父さんの医院で地下が勝手に使っていい部屋みたいな感じだったんですよ。そこにレコードをズラーっと並べてあって、デモ録音ができる場所だったんですね。で、金ちゃんがサビを歌って、僕がラップするという形をとってつくったのが『16番地の殺戮現場』。使ったインストは『キングギドラ』の12インチの裏面に入ってたDJ OASISさんのソロ曲。

で、僕1浪して東大の文二に受かったんです。そしたら金ちゃんが受かった日の夜に高円寺でイベントをやって て、もし受かってたらお祝いがてらライブをしたらって言ってくれて、そのイベント中に金ちゃんの出番があるからそのライブ中に一曲歌っていいよっていう話になったんです。

それで、はじめて人前でラップするってことになって。そのイベントのゲストが『JUBE&BABA』っていうのちに『THINK TANK』のメンバーになる人たちでした。で、金ちゃんから『JUBE&BABA』には気をつけろって言われてたんですよ。こいつらはパーティ潰しをするから、歌ってる途中にマイクのコードを抜かれるから、絶対気を許すなって怖い情報を行く直前に言われて、ビビりながら会場に行きましたね。でも、行ったら会場の前でいきなりドレッドヘアの『JUBE&BABA』がたむろしてて、めちゃくちゃ親切な人たちだったんですよね。ライブでも色々あったんですけど、それなりに上手くいきました。

その時に知り合った友人でYOHEYっていう奴が、YOU THE ROCK★がやってる『HIP HOP NIGHT FLIGHT』っていうラジオ番組に尿もれって名前で似顔絵のファックスを送ってて。結構気に入られてて有名人だったんですよ。そいつとも仲良くなって、いまだにそいつに僕の似顔絵とかロゴとか描いてもらってますね。で、その時に紹介された真田人って奴が、僕が『MICADELIC』ってグループでデビューする時の相方なんです。で、YOHEYは家が近所だったから、よく遊びに行って、そこから交遊をどんどん広げていった感じですね。

当時渋谷の『FAMILY』ってクラブで『SOUL SCREAM』ってグループのE.G.G.MANさんっていう人

がライブをやるって聞いて、一番前でめちゃくちゃ盛り上がって、そのライブのあとにオープンマイクがあるぞって言うんで、僕が興奮して飛び乗って、あえてここでE.G.G.MANさんの悪口を言おうと。「おい！この卵野郎」っていう感じで、これが一番めだてる方法だっていうことでディスったんですよ。そしたら、E.G.G.MANさんがめちゃめちゃかっこいい感じでアンサーをするわけですよ。それがまた凄い盛り上がって、俺は打ちのめされるっていう。

それで外に出て歩いてたらE.G.G.MANさんがいたから「さっき、すみませんでした」って謝ったら「全然言いたいこと言えばいいんだけど、マイクの握り方と客の方向いてラップしないと伝わんないよ」みたいなことを言ってくれて。多分それが僕の最初のバトルだと思いますね。

それからMTRを買ってデモテープをつくって、ポケットに入れられるだけ突っ込んで配りまくるってことをやってました。電車の中でもそれっぽい人がい

ダメレコ・コンピ Vol.1:DEADLY METAL ROLLERCOASTER 2005

たら配ったりして。ＤＥＶ　ＬＡＲＧＥさんとかＭＵＲＯさんに会ったことがあって、その時も速攻渡しました。

　そしたらＭＵＲＯさんがそれを気に入ってくれて、結構周りの後輩とかに聴かせてくれてて。『ＮＩＴＲＯ　ＭＩＣＲＯＰＨＯＮＥ　ＵＮＤＥＲＧＲＯＵＮＤ』のメンバーのＧＯＲＥ‐ＴＥＸさんとかも知ってくれるようになってどんどん調子に乗っていくわけですよ。「今度六本木で『ＳＨＡＫＫＡＺＯＭＢＩＥ』のメンバーのＨＩＤＥ‐ＢＯＷＩＥさんも出るイベントがあるから遊びに来たら」って言われて、これは行くしかない、なんならラップしてやろうと思って『ウータン・クラン』のレコード１枚持って行ったんですよ。そしたらＧＯＲＥ‐ＴＥＸさんはいなくて変わりにＭＡＣＫＡ‐ＣＨＩＮさんがいて「俺はお前なんか知らねーよ」みたいな感じで。テープを渡したんですけど「これＭＵＲＯくんが気に入ってんだ？　でも、お前ＭＵＲＯくんから電話来てねーだろ？　だったらまだ気に入られてねーってことだよ」って言われて。

　結構落ち込んだんだけど、せっかく来たから爪痕残してやろうと思って、ＤＪ　ＨＡＺＩＭＥさんがＤＪやってたから「この曲かけてください。一曲だけラップやらせてください」ってその時はＭＡＣＫＡ‐ＣＨＩＮさんも間に入ってかけてくれたんですけど、まったく盛り上がんなくて。

　そしたらＨＩＤＥ‐ＢＯＷＩＥさんがステージに上がって「こいつがやってんのはただの持ちネタ　俺がフリースタイルでこの場を実況」っていきなりフリースタイルをはじめて、そしたらめちゃくちゃ盛り上がって。なんなら僕も盛り上がっちゃって。「こいつの名前はダースレイダー　でも明日になったらみんな忘れーたー」みたいなことを言われて、ボコボコにやられて。

　がっつりバトルしてディスられたのはこの時がはじめてでしたね。ＭＡＣＫＡ‐ＣＨＩＮさんにもディスられたけど、やった根性だけは認めてくれて、よくしてくれるようになったんですよね。

　でも結構ＭＡＣＫＡ‐ＣＨＩＮさんに言われた電話が来ないと認められてないっていう言葉が響いていて、一生懸命その後もテープ作って配ってたんですよ。そしたら最初に電話をくれたのが、ラッパーじゃなくてレゲエの三木道三さんだったんです。まだブレイクする前なんですけど、なんか結構細かくこうした方がいいよとか言ってくれたんです。凄いいい人でしたね。

　それで真田人も次の年に大学に入って、いよいよ『ＭＩＣＡＤＥＬＩＣ』をはじめるわけですよ。当時『ＦＵＮＫＡＤＥＬＩＣ』が凄い好きだったんで、マイクを使った『ＦＵＮＫＡＤＥＬＩＣ』ってことではじめたんですよ。

　そんで『ＦＡＭＩＬＹ』で『ＢＲＩＮＧ　ＴＨＥ　ＮＯＩＳＥ』っていうレギュラーパーティをはじめるんですよ。その時のメンバーには、ＤＪ　ＯＳＨＯＷとか、ＭＣ漢にラップを教えたっていう阿修羅っていう奴がやってるグループとかがいました。主催はＤＪ　ＣＥＲＯＬＹ

言葉遊びの極みを魅せたKREVA
ラッパーとしての本質的な問いを
戦わせたMC漢vs般若戦

さん。最初は全然客入んなかったんですけど、駅前でチラシ配ったりしてるうちに段々と入るようになって。そのうち欲が出て同じ時期にやってた『FG NIGHT』を越さないとダメだってことになって、ある時本当に『FG NIGHT』の集客を越す月が出てくるんですよ。まぁ、基本的に僕らは大学生だったから、暇してる大学生が結構まとまって来てくれたのもあるとは思うんですけど。そしたら『RHYMESTER』のMummy-Dさんが遊びに来てくれたりするようになったんです。

配ってたデモテープも『ラッパ我リヤ』のMr.Qさんとかが気に入ってくれたりして。当時『ラッパ我リヤ』が出してたP-VINEは『餓鬼レンジャー』とかを出すようになってて。どうも担当ディレクターさんにテープを渡してくれたみたいで電話がかかってきて、呼び出されていきなり「いつ出す?」みたいな感じで急にデビューが決まっちゃって。それが結構話題になって、すぐ次作ろうとかいう話になったんですよ。

でも、その担当ディレクターが色々あって移籍することになったんです。で『ラッパ我リヤ』と一緒にP-VINEを出て『ラッパ我リヤ』と『餓鬼レンジャー』はビクターエンターテインメントに、僕らはなぜかavexになったんですよ。当時ECDさんとか『BUDDHA BRAND』とかを出してる『cutting edge』ってレーベルがあったんですよね。それでいきなりメジャーデビューってことになるんですよ。

でも、そのタイミングで父親もガンで死んじゃうんです。それで弟と僕だけになっちゃって色々大変だったんですけど、そこから大学もやめて。でも、メジャーに行って一応給料も出てたんで、もう完全に自由人になってましたね。

当時、YOU THE ROCK★さんもYOHEYを通して僕のデモテープを聴いてくれてたんです。誘われてイベントに遊びに行って、他の先輩同様僕が調子に乗ったことを言ったら凄い説教されて、それで「お前、今年中にレコード契約とれなかったら、才能ないからやめろ」って言われたんですよ。でも、そのあとP-VINEの契約が決まったのが12月だったんで、レコーディングしたデモテープを持ってYOU THE ROCK★さんのところに行ったら「あの時は言い過ぎた、すまん」って言って

『MSC』vs『ダメレコ』で文系ラッパーはストリート系との距離を縮めた

くれたんですよ。

それで、ちょうど99年の『Ｂ ＢＯＹ ＰＡＲＫ』のＭＣバトルがあるんです。僕がエントリーの連絡を入れるのが遅くてもう締め切っちゃってて、補欠でしかエントリーできなかったんですよ。そしたらＹＯＵ ＴＨＥ ＲＯＣＫ★さんから電話かかってきて「俺の枠が一個あるから、本戦の方にエントリーしといたから」ってやってくれたんですよ。

バトルなんか当時ろくにやったことないから、いくつかネタを仕込んで行きました。もう本当にはじめてのことだったからよくわからなくて。もう当時は、司会から審査員までみんなわかんないでやってるわけ。でも、ＫＲＥＶＡさんを見たら完全即興のフリースタイルをやってて、用意してきたラップじゃないものをやってたんですよ。で、ＫＲＥＶＡさんはもう群を抜いて凄くて、急遽俺もあれをやろう！と思ったけど、何にもできなかったんですよ。もう見た目だけルチャ・リブレのマスクなんか被っちゃって、完全にダメな奴の典型みたいになっちゃってたんですよね。

それで俺は、全然ダメなんじゃないかってなってしまって。ＫＲＥＶＡさんも凄すぎるし、2年目3年目は予選にも出てないんですよ。でも、3年目にあの決勝の般若vs漢戦があって、あれがもう周りで超話題になって。めちゃめちゃみんなあれを見てかぶれはじめるんですよ。ラップ自体もカッコいいし、会話になってる。ＫＲＥＶＡさんの場合は相手の着てるものを茶化しながら言葉遊びをするっていう感じだったのが、もっとなんか根源的な問いとか、ラッパーとしてのスタンスとかを言いながら韻も踏んでるっていうのが凄いカッコよかったんですね。

これは面白いってなって、4年目はちょうど僕もａｖｅｘからビクターに移籍して、しかもビクターの奴も大して売れないから、次どうすんだ、みたいな感じになってたんですよ。

その頃、ＭＥＴＥＯＲって奴が僕らのファンだって言ってデモテープをもらって、それが凄いよくて、電話したんですよ。僕は三木道三さんから電話をもらって以来、いいなと思ったら必ず電話してたんで。それでＭＥＴＥＯＲと仲良くなってラップして遊ぶようになったんです。ＭＥＴＥＯＲが環ＲＯＹとかも連れて来て遊ぶようになりました。ちょうどもうパソコンで録音して音も作れるようになってきた頃で、僕がパソコン買って録音するようになったらもう、毎晩その面子でフリースタイルして遊ぶようになりました。うちがある高井戸から都内のクラブも行きやすいし、どんどんラッパーの溜まり場になって、録音もしまくってました。

そしたら流通をやってる『ULTRA VIBE』の神保さんていう人が「面白いですね。自分でレーベル作ってやればいいんじゃないですか」みたいなことを言ってきて。それで、METEORとROYと話をしてやってみたら普通に店に並べるところまでいったんですよ。それでDとMとRで『Da.Me.Records』になったんです。『D.M.R』の3人で完全フリースタイルのライブもやりましたね。

そこに集まった奴らでコンピも出したりしました。それこそ当時はKEN THE 390とかCOMA-CHIとかカルデラビスタもいましたね。今ではみんな当たり前にやってますけど、録音からパッケージまで全部をインディペンデントで出すっていうことの先駆的なものをやってた感じでした。

それでKEN THE 390とEI-ONEとはなびでやった『りんご』っていうユニットのCDが、渋谷のタワーレコードで売れて、全国でも売れていったんですよ。結果、KEN THE 390は何千枚も売れるようになったんですよね。

2004年に『お黙り！ラップ道場』MCバトルがはじまって、CANDLEが1回目優勝して準優勝がKEN THE 390とかになってて。大阪でERONEが優勝したんですよ。僕は確かその後の『UMB』になった頃に優勝できたんですよね。もうその時はエントリーが250人とか凄いことになってました。

当時、ビートボクサーの太華さんのビートに合わせてみんながフリースタイルをやるライブがあって、ある時、超人気になった『Def Tech』のあとに太華さんがやることになって『Def tech』がめちゃくちゃ盛り上がったあとに、そのままやっても面白くないから、MCバトルをやることになったんですよ。「じゃあ3対3に分かれてチーム戦やりませんか?」っていうことになって僕が司会をやりますっていうことで、その場で即席の3対3のラップバトルをやったらめちゃめちゃ盛り上がったんですよ。

そこから『3 on 3』MCBattleっていうのがはじまるんですね。で『UMB』が8小節っていうルールでやってるから、こっちは40秒っていう時間制にして差別化を図った

KING OF KINGS

んです。で、先鋒、中堅、大将っていうチーム戦でやるから、1人では出ないような奴もクルーで出たりするんじゃないっていう狙いでやったんですよ。実際NorikiyoとかBESとかレゲエの人とか3on3なら出るって人が出てきたんですよ。

1回目は3人ともフリースタイルできる横浜の『ICE BAHN』が優勝しました。あと、伝説的に強かったのがBESとNorikiyoとONE-LAWのBESチームでしたね。メシアTHEフライとKEN THE390のバトルでボディタッチした、しないで大乱闘になって。漢が3人くらい抱えて投げ飛ばすってこともありましたね。でも、ギリギリラップでケリをつけるって感じにはなってました。当時は何かと『MSC』とフリースタイルでバトルするってことがよくありました。

あと、『B BOY PARK』のMCバトルでも3on3をやったことがありました。ジブさん（Zeebra）が『B BOY PARK』を立て直すっていうことで、割と早い段階でみんなを集めてたんですけど。その時にMCバトルも復活させたいから、僕と『Libra』のMUSSOが呼ばれたんですよ。じゃあ、僕がU-20のMCバトルを担当します。Over-30のベテランのバトルを『Libra』でやりましょうっていう話をしたんですよ。でも、結局その後、Over-30は『Libra』で企画してやるから『B BOY PARK』ではやらないっていうことになっちゃうんです。でも、その変更を僕は『B BOY PARK』側から聞いてなくて。ただMUSSOが抜けたから、代わりに僕がやってくれとだけ聞いてたんですよ。それで『Amebreak』やってた伊藤を誘ってOver-30もブッキングしてたんすよ。そしたら『Libra』から電話がかかってきて。「自分らのところでやる話になってるんだけど」って言われて。「俺はそれ聞いてないよ」って話になって。もうブッキングとかも全部してるのに、そんなことになってしまったんです。それでそのままブッキングしたメンツを3人組に組み直して3on3にしちゃったんですよ。そしたら漢が伝達不足でこうなったことだから、俺らも手伝うよってことで『Libra』チームで出てくれたんです。だから僕のチームが、僕とKEN THE 390と何故か『妄走族』のMASARUっていうことになってるのは、そういう即席のチームだからなんです。

U-20は、KOPERUがZONE THE DARKNESSに勝って優勝するんですけど。ACEとかHIDEとかも出てました。僕は次の年に脳梗塞で手伝えなくなっちゃうんですけど、U-20はいい企画だからKOPERUにその回を託して治療に専念するんです。いざ、退院してみてKOPERUに連絡してみたら「何の連絡も『B BOY PARK』側からないし、スケジュールも空いてないです。」っていうのを聞いて、これじゃ2連覇も3連覇もないじゃんって、ちょっと憤りを感じてたんです。

そんな時に『高校生RAP選手権』の話が来るんです。構成作家の掘さんっていう人に相談をされたんですよ。企画段階で僕が関わってたから、1回目からレフェリーをやって、当時K九だったT－Pablowが優勝したんです。多い時で800人はエントリーするし、10回目で武道館でやったんですよね。あそこからかなりオーバーグラウンドにMCバトルが浸透してきたって感じはありましたね。僕は10回目まで関わって、制作チームが変わったんで、そこからは関わってないんですけど。

その後に、ジブさんが『フリースタイルダンジョン』っていう企画を考えて、それを僕なんかが相談を受けて漢を紹介した感じです。そこからは、もう普通のOLでもMCバトルを知ってるというような時代になりましたよね。

なんかバトルだけにしか興味ないやつがダメだとか、音源つくらないバトルMCはダメだとかよく論争になるんですけど、僕はそこは全然なるべくしてなってることだと思っているんですよね。むしろいろんな選択肢が増えて、たくさんの人の目に触れるようになったのは僕はいいことだと思ってるんですよ。ただ、もっと金になる方がいいとは思いますけどね。

例えば『M－1グランプリ』とかは優勝すれば、プロップスを獲得して仕事は増える。才能がある奴はそれをきっかけに成り上がれるし、出ない奴でも音源やライブで才能を発揮してもいいわけだし。それでいいんじゃないのっていう気もするんですよね。

いずれにしてもバトルを通して〝ヒップホップ〟が認知されていくことはいい面も多いと思います。それがどういう形でなくちゃいけないっていうことまで、こちらが限定していくことも、またそれぞれのやり方でいいのかなと僕なんかは思いますね。

ダースレイダー DATA

名前	ダースレイダー
生年月日	1977年4月1日
所属レーベル	Da.Me.Records

PROFILE

パリ生まれ。父は朝日新聞のヨーロッパ総局長の和田俊。東京大学文二中退。1998年ヒップホップユニット『MICADELIC』でデビュー。avexでメジャー活動も行う。2004年にDa.Me.Recordsを主宰し、KEN THE 390をはじめヒット作を生み出す。『3on3』MCバトル主宰。『高校生RAP選手権』元レフェリー。AbemaTV『NEWS RAP JAPAN』司会。

バトルMCの未来はどこ?
KEN THE 390

**『フリースタイルダンジョン』の審査員として
今や欠かせない存在となった
KEN THE 390
ダースレイダーたちと共に文系ラップ代表として
ストリート系ラッパーたちと対峙し、
現在シーンを俯瞰して見た時に
今後来るべき未来を語った**

高校時代にバンドからラップへ

ヒップホップと出会ったのは高校生の頃ですね。もともと中学からバンドをやっていたんですけど、高校のとき『Limp Bizkit』とか『Rage against the machine』のような、ラップが乗っているバンドサウンドをカバーしていたら、ボーカルの子がラップも聴くようになったんです。その子にMDに曲を入れてもらって、僕も聴くように。洋邦ごちゃ混ぜで、『A tribe called quest』とか、『Run DMC』とか。『ブッダ（BUDDHA BRAND）』も入ってましたね。同時進行で、『RHYMESTER』さんの「リスペクト」とか、YOU THE ROCK★さんの「THE★GRAFFITI ROCK'98」とかも聴いて。そうしているうちに、ラップがどんどん面白そうに聞こえてきちゃって、バンドを組んでいた仲間たちとラップをはじめました。

高校2年生くらいの頃ですね。

中学からずっとコピーバンドをやっていたんですが、ヒップホップはコピーがない文化で、それが面白かった。ラップをやってみようって話になった時も、とりあえず好きなレコードを持ってきて、インストの上に乗せる歌詞をみんなで書いて。3年間バンドやってて、オリジナル曲なんて1曲もなかったのに、ヒップホップは一晩考えたらオリジナル歌詞の曲が1曲できたんです。さらに次の日には2曲目ができた。それが新鮮でした。バンド時代は演奏が上達することに喜びを感じていたんですけど、自分の曲ができるのは違った喜びがあるんだって知りました。「めっちゃ面白いじゃん、バンドやってる場合じゃないでしょ!」となって、一気にバンドが崩壊（笑）。みんな楽器を全く触らなくなって、ずっとラップしてましたね。

当時、特に好きだったのは、YOU THE ROCK★さん。ライブのMCまで熱がこもっていて、高校生が感化されるようなアツさがありました。

作った楽曲でライブもやってました。当時はクラブではなく、高校内のほかのバンドがやっているライブハウスのライブに混ぜてもらって、バンド勢に混ざってラップをするみたいな感じ。大学に入ってからは、渋谷とか新宿のクラブでもやるようになりました。

大学は早稲田で『GALAXY』というブラックミュージックを研究しているサークルに入りました。ラップサークルではないけど、ラップをやる奴もいるところです。サークルのメンツと二人組を組んで、都内の箱でやるようになりました。

最初は全然、フリースタイルをやろうとは思っていなかったんですけど。ある日、一緒にグループを組んでた奴が『B BOY PARK』に出て、ベスト4くらいまでいったんですよ。そしたら、ライブにめっちゃ人が来た。それまでは全然だったんですよ。だから、誰の友達でもない人が金を払って俺らのライブに来るんだ！　って、サークルの連中全員に超衝撃が走って（笑）。

それまで、僕らは結構閉塞感を感じていたんです。ラップは好きだけど、ここからどうキャリアを進めていけばいいんだろう？って。当時はCD-Rもないし『YouTube』もないから、人に曲を聞いてもらうのが簡単じゃなかった。デモテープを作って渡していくしかない。そんな中で、バトルに出ればライブにお客さんが来てくれることが分かった。だったら一生懸命練習する価値があるんじゃないかと。

ダメレコ（DaMeRecords）のメンバーとも、その頃出会いました。METEORがダースレイダーに、ラップをやりたいメンバーを集めろって言われて、それで僕とか環ROYとかに声がかかったんです。

立場的にも、すでにメジャーデビューしてたダースレイダーがボスみたいな感じで、あとは僕と同世代か年下。機材とか全部そろえてくれたのもダースレイダーだし、溜まり場もダースレイダーの家。暇な時間はその家に行って、ゲームするか録音するか、みたいな感じ。

バトルに出るようになって、ライブに来てくれる人が増えて『ダメレコ』から自分たちのCDを宅録で出せるようになった。時期的にも、宅録でCDを出すっていうことのはしりだったと思います。有名なバトルの大会があったら、何かしら音源を作って行ってました。勝てば売れますからね。フリースタイルは凄く好きだし、楽しいからやってるんですけど、僕のメインはあくまで曲。CDをみんなに聴いてもらいたいし、ライブに来てほしい。その手段としてバトルに出ている感じでした。

あとは、『新宿 Spoken Words Slum』っていう大会にもすげー出てました。詩の朗読とか、弾き語りとか、言葉を使う表現ならなんでもいいですよっていうトーナメントの大会を、毎月新宿の『MARZ』でやってて。MCバトルと違って、対峙しないから、自分との戦いみたいなところがあって、鍛えられましたね。そこに出てたラッパーたちは、MCバトルでも結構勝ってましたよ。

当時は、小さいMCバトルがたくさんありました。『UMB』の前にも、『VUENOS』で深夜にやってるやつとか。今、語られてない大会もいっぱいあったと思います。その中でたぶん、漢さんが「もっと統一的な大きい大会が必要だ」って考えたんだと思う。それで『お黙り！ラップ道場』ができて、後に『UMB』になった。

当時のMCバトルは治安が悪い感じでしたね。夜中のクラブでやってると、バトル

ヒップホップは１晩で１曲つくれてしまう

してる人の友達が、「めっちゃ悪口言われてるんだけど」ってマジでキレるんですよ。だから、怖い友達がいる人はディスると何されるかわからないから、アツいことをひたすら言う。俺はあなたをリスペクトしていて、でも負けるわけにはいかないんだっていうスタンスをとるんです。そのやり方でしか勝つ選択肢もなかった。そうじゃないと場合によってはマジに暴力沙汰なんてこともありましたからね。

でも『ＵＭＢ』の頃になると、バトルの規模も大きくなるし、自分の名も知られて、見に来てくれる人も増えて、ガチの喧嘩になるのが怖いとか悠長なことを言ってられなくなるんです。俺がもし何か言って、戻ってこれなくなったとしても仕方がない、みたいな。武士のような覚悟ですよ。

なぜかというと、俺らはある種ハードコアに対してナードなので、バトルで引くとマジで肩身が狭いんです。本番でぶつかって芋ひいちゃうと、今よりもっと立場がなくなる。だから、バトルの本番は死んでも引けないみたいなところがありました。

もちろん、言っていいことと悪いことの線引きはありますけどね。俺は、その人が自分で言ってることをディスるのはオッケーだと思う。「曲の中でこういうこと言ってたけど」って指摘するような。でも、裏側のことは言っちゃダメですよね。それをやるとルールが崩壊しちゃう。『フリースタイルダンジョン』はコンプラが入るからいいけど、最近のＭＣバトルを見ていて、それはちょっと言いすぎなんじゃない？　って思うことはあるかもしれないですね。

漢さんとか、最初はめちゃくちゃ怖かったですよ。『ＵＭＢ』に出る前にライブで一緒になったことがあるんですけど、リアルに「今日は『ＭＳＣ』っていう人たちが出ます。目を合わせないでください」みたいなお達しがあって、本当に目を見ないようにしてましたからね。当時はネットもほとんどないし、とにかく「あの人はヤバいらしい」って噂だけがまわってくるんです。

でも今は、ヒップホップシーン的にも、暴力的な話は減ってますよね。昔は街でカツアゲとかも散々ありましたけど、今はほとんど聞かないですし。そのうち、みんな電子マネーになって、カツアゲとかもできなくなるんじゃないですか。ＰａｙＰａｙじゃカツアゲできないですし（笑）。

ここ数年で感じるのは、ヒップホップ人口は増えて、みんなのクオリティが上がっているなということ。曲を発表する場もバトルをする場もいっぱいあって、ラップをやる機会が多いのがいいんじゃないですかね。スゲー下手な子がいないですもん。昔は、８小節ただ黙って立ち尽くしちゃう子とかいたけど。そう考えると、当時あれだけラップできてたクレさん（ＫＲＥＶＡ）って異常でしたよ。聞く人が聞けば分かるパフォーマンスってあるじゃないですか。でもクレさんのは、ラップを分からない人が見てもすごさが伝わるんです。

僕、ＭＣバトルってゲームチェンジが途中で起きてると思ってて。クレさんが三連覇した『Ｂ ＢＯＹ ＰＡＲＫ』の頃って、相手に対して何か言うというよりも、１分

強い奴は音源を出さなくてもバトルラッパーが仕事になるといい

間の中で綺麗に韻を踏んで、自分のパフォーマンスをどれだけ完璧に見せられるかっていう世界だったと思うんです。で、それをやったら、多分クレさんの右に出る人はいなかったんですよ。

でも、漢さんが出てきて、漢さんは韻を踏むというより、めっちゃ会話していくんですよね。なんていうんだろう……その場その場で相手に対してリアクションをバンバン打っているみたいな。

で、漢さんのやり方だと、短い時間でターンを増やしていった方が面白いんですよね、会話なので。それでどんどん短くなってきて。『UMB』って8小節で4ターンとかするんですけど、あれって世界的に見ても珍しいんです。アメリカのMCバトルだと、一人が1分間アカペラでやるとかが普通。『B BOY PARK』の頃のルールが、今でも世界のスタンダードなんですよね。日本の、短いタイムで格闘技みたいにボコボコ殴り合うようなバトルって、あんまりないんです。

そういう流れになってくると、綺麗なラップを決めるよりも、自分のパッションをしっかりラップに乗せて語りきる力が大事になってくる。それが進化して、今に至る。それこそ、MCバトルを見て泣けるっていうようなことは、漢さんスタイルのあとじゃないと起こらなかったと思います。

今は昔よりも、バトルに特化している子が増えたなと感じます。僕らの時は、あくまで音源アーティストとしての活動がメインで、それをよりいい状況にするためにバトルがあるっていう感覚だったんですけど、今はバトルをメインにやっているラッパーも増えてきているのかなと。

だから逆に、MCバトルがもっと増えて、ゲストバトラーや上位者にもっとギャランティを払っていくべきだとも思いますね。例えば、ゴルフってトーナメントが毎週あって、トーナメントの賞金とスポンサーでゴルファーは食ってるわけじゃないですか。

同じようにMCバトルも、大会の運営が成り立っていれば、強い奴は音源を出さずとも、バトルの賞金で飯食えてもいいじゃんと思うんですよね。

もちろん、音源をやりたい子はやったらいいし、自分もそうだったけど、そうじゃないやり方をする子も批判されることはない。「ラッパーだからこうすべき」みたいな価値観はナンセンスというか。ヒップホップなんだから、別にいいんじゃない？　自分の本当にやりたいことに集中するべきかと。上の世代は今ある価値観を下の世代にも押しつけがちだけど、そうすると般若さんとかR-指定とかクレさんみたいな、今ある価値観の中で勝ち続けている人たちに、若い子は勝てないですから。早く誰か、バトルで食えてるロールモデルが出てきたらまた面白いですね。

お客さん側もそうです。音源が好きなお客さんとバトルが好きなお客さん。最初はどっちも楽しんでくれるようになったらいいなと思っていたけど、究極、ここまで来たらどっちでもいいんじゃないかなって。今はMCバトルしか見ない人もたくさんいるけど、そのおかげでラッパーへの偏見みたいなのは減りましたし。

高校の同じクラスにバンドやってた人はいても、ラップやってた人っていないじゃないですか。バンドってマスだけど、ラップって未知の世界だった。だから昔は、ラッパーって「YO！YO！」だけ言う宇宙人だと思われてましたもん。しゃべれば普通の人間なのに。でも、MCバトルがテレビで放送されることでラッパーの人となりが世間に浸透してきて、ラッパーも人間なんだなっていうのがわかってもらえた気がしてます。

KEN THE 390 DATA

生年月日　1981年6月17日

PROFILE

大学時代にEI-ONE、はなびと結成した3人組ユニット『りんご』で発表したアルバム『りんごのりんご』(Da.Me.Records)がインディーズとして異例のヒット。2008年ミニアルバム『FANTASTIC WORLD』でメジャーデビュー。その後自身のレーベル『DREAM BOY』を設立。

音源略歴

2004年	アルバム「りんごのりんご」
2005年	アルバム「JAAAM」
2006年	アルバム「プロローグ」KEN THE 390 1st
2012年	アルバム「DREAM BOY～ある晴れた日の朝に～」
2016年	ベスト アルバム「KEN THE 390 ALL TIME BEST」
2019年	アルバム「Unbirthday」10thアルバム

バトル略歴

2005年	B BOY PARK MCバトル ベスト4
2005年	UMB 2005 本戦 ベスト8
2009年	3on3 2009 優勝
2015年	戦極MC BATTLE 第13章 準優勝

Photo by cherry chill will.

関西バトルラッパーの土壌をつくった『ENTER』の功績

東京で『UMB』がうぶ声をあげた頃
関西では『ENTER』がはじまる。
年間チャンピオンではなく毎月開催で
バトルMCが鍛錬できる場所を築きあげてきた
R-指定、KOPERU、CIMA、
あまたのモンスターラッパーを生み出す大阪の雄の真意とは

『韻踏合組合』HIDADDY & ERONE

心斎橋アメリカ村の特異なストリートから生まれたHIPHOP

『ダンス甲子園』ブームで誰もがヒップホップにハマる

HIDADDY（以下HIDA） 最初にヒップホップに触れたのは、中学2年生の時で。僕、豊中市の住宅地出身で、当時『ダンス甲子園』とかが全盛だったんですよ。で、そこは第1から第18まで中学校があって、その18校の中学校の代表の男女が選ばれて、しょうもない親交を深める会みたいなのに、16中代表で行ったんですよね。

そこで出会ったのが7中のアツと4中のツルって奴なんですよ。で、そいつらとダンスをするってことになって、僕の家の近くの公園でラジカセを持って、夜中に練習するんですよ。4中のツルくんが「もう1人ヒップホップ好きな奴がいるから連れてきていい？」つって、連

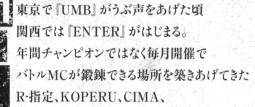

HIDADDYはダンスから ERONEはラジオ中毒からHIPHOPへ

れてきたナベくんっていうのがいて、そのナベが今のMC茂千代なんです。その彼が「ラップにはライムってのがあってさ」っていうのを教えてくれて『MICROPHONE PAGER』とかを教えてくれて。中学2年にして家にターンテーブルを持ってたから、家に遊びに行ったりしてたんですよね。それでスッゲー仲のいいダンスチームになったんすよね。

ERONE（以下**ERO**） 茂千代はどうやってターンテーブルとか揃えたんやろ？ 当時本とかにもそんなに情報なかったし、ターンテーブル自体持ってる奴そんなにおらへんかったから。色々早かったんやろね。その茂千代とアツっていうのはちょっと早かったんですよ。その2人でコンビ組んでて、そのあと茂千代は別の奴ともコンビを組んで、大阪でいち早く19歳とかでデビューしてるんですよね。

僕の場合は『ダンス甲子園』とかが流行ってたけど、クラスのレクリエーションとかでやるダンスはやらずに『ダンス甲子園』で流れるビート感とか、ラップの部分が凄い好きで。

元々ラジオが好きで、完全にFM中毒でロックにハマってましたね。その流れでメタルとかハードコアバンドとかのライブを見に行ったりしてて。そういう中でちょっとずつラップミュージックがラジオでかかりだすんですよ。

ヒップホップ的なものの最初は、たぶんウィル・スミスがやってた『DJ Jazzy Jeff & the Fresh Prince』の『Boom! Shake the Room』とかだと思うんですけど。それがラジオでヘビーローテーションになって、そのCDを買って、頑張って訳して歌えるようにしてたんです。

それで日本語でも『今夜はブギー・バック』とかが凄い流行りだすんです。1994年かそのくらいかな。あとBOOGIE MANとかが、大阪弁で凄い喋ってラップしてるから「こんなんあんねや」みたいになって。で、『スチャダラパー』とかも凄い流行るようになって、『キミドリ』とかの日本語ラップものを凄い聴くようになって、なんか自分でも書くようになるんですよ。それで高3の文化祭とかでも自分でやるようになって、そこからはじまった感じですね。そこから徐々にみんなと知り合うようになった感じです。

HIDA みんなとはアメリカ村でそれぞれがアルバイトをしていた時に知り合ったんです。僕がまだ18歳の時ですね。元は『LOW DAMAGE』ってクルーのDJ TANKOさんがやってるお店でバイトしたくて。TANKOさんの相方といえばDJ KENSAWさんていう亡くなられた大阪のレジェンドの方なんですけども。もうそこは『LOW DAMAGE』の店って感じで、ヒップホップヘッズからしたら緊張して行く店の一つで。そこで働きたくて最初行ったら、やっぱり緊張しちゃって何も言えずに店を出ちゃって、そしたら側にあるシルバーアクセサリー屋さんで声をかけられて、「仕事探してるんですよ」って言ったら、日本語も読めないような店長だったんですけど、いきなり採用してくれて。

もう当時『ぶちかまし』っていう箱で、ERONEとかSATUSSYとかはイベントで一緒だったりしましたね。

ERO アメ村はもう、いわゆるユースカルチャーがぎゅっと密集した場所なんで、独特のストリートな空気感があるんですよ。この地区はレゲエの人とか、スケーターとかロックの人とかも近いんですよね。当時は今よりももっとわちゃわちゃしてました。リリックを書きたいってなった時にもっとナンパする奴とかヤンキーとかもいっぱいいたし。

HIDA レゲエが増えて、ダンサーが増えて、いわゆるBボーイみたいなファッションが増えた時。

ERO 僕も高校の頃からクラブに行ったりとかして遊んでました。ちょっと無名でも聞いたことがある名前のDJとかMCがやってたりすると見に行ってましたね。難波には『QOO』っていうそれなりに大きい箱があって、その流れから小箱もできてヒップホップが流れ出した頃って感じですね。

HIDA 僕もリスナー側からリリックを書きたいってなった時に、一番流行ってたのが茂千代が入ってる曲でした。DJ KENSAWの『OWL NITE』とかが入ってるDOUBLE Kって奴がつくったミックステープなんですけど。それを擦り切れるくらい聴いてました。日本語ラップがひたすら入ってるテープなんですよ。

ERO 当時なかったんですよ日本語ラップのミックステープって。しかも完全に全部録り下ろしなんです。まだ聞いたことない『Shing02』とか『MAGUMA MC's』とか。それがめちゃ流行ったんですよ。

HIDA 僕は元々ダンスだったんで、踊ったり歌ったりはしてたんですけど、フリースタイルはわりかし苦手やなと思ってる中、ERONEさんたちの

『CHIEF ROKKA』との出会いがあるわけですね。僕もラップしようってなってる頃に凄い影響を受けました。ERONEとSATUSSYは何かとすぐフリースタイルをするんですよ。

ERO 俺とSATUSSYは元々別でやってたんです。専門学校行ってる時に高校時代の友達と1MC1DJでやってて。もう名前もその頃からERONEだったんです。SATUSSYは岡山の奴なんですけど、大学で大阪に出てきてて。なんか紹介されて知り合って、イベントのオープンマイクのフリースタイルで一緒にやったりしてたんですよね。それでレギュラーのイベントで一緒にやっていくうちに2人でやるようになった感じですね。HIDAやんと知り合った頃には、もう曲もあった感じですね。それでお互いにフリースタイルやらイベントを繰り返しながら、その頃には神戸のイルミントって奴とも合流してるんですよ。その3組で『D.B.C』って『道頓堀ブリッジコネクション』っていうクルーを組むんですよね。それに奈良のEVIS BEATSって奴とだるまさんっていうのもさらに合流して『韻踏合組合』に発展するんです。なんかPosseっていうのが流行ってたんで、グループの他につるむ仲間っていう感じでやってたんですね。まぁ、そこから抜けたりやめたりっていうことがあって今になるんです。

で、MCバトルっていう意味では、99年に初めて大阪ででっかいフリースタイルMCバトルの大会があるんですよ。それまではライブバトルとかはあったんですけど、『LOW DAMAGE』の10周年っていう時に豪華なフェスがあって。僕らもそこでライブをしてるんです。

その時にMCバトルがあって、まだルールも確立されてないんですけど、決勝戦に俺とHIDAやんと『DOBERMAN INC』のMABっていう滋賀の奴の3人が残るんですよ。1分とかで先攻後攻とかもなくて、審査員が3人とかでやってたかな。ちょうど『B BOY PARK』でもMCバトルをはじめたあたりの年です。

『B BOY PARK』は2003年に外人21瞑想が優勝して、色々揉め事があった年に僕とHIDAやんは出てるんですよ。僕とかも決勝まで残ってるんです。その年は『韻踏合組合』でライブでも出てるんですよね。

当時、アンチ東京みたいなのもあったんで、わざわざ東京に出てやりたいというのもなかったんですね。『P-VINE』の佐藤さんっていう人が僕らと『MSC』とか晋平太のユニットとかが入ってるコンピをつくってくれた関係で、そのリリースパーティとかをやって、そこでオープンマイクのフリースタイルをやったりして、割と漢くんたちとも絡んでいくようになるんですよね。

HIDA だから、バトルじゃないんだけど、バトルしてましたね。ラバダブスタイルじゃないけど、どっちがどれだけ盛り上げられるかみたいなことをやってた感じです。

ERO で、『B BOY PARK』のMCバトルが破綻して漢が『お黙り!ラップ

ユースカルチャーが集約されたアメ村で独自のヒップホップライフ

道場』をはじめるじゃないですか。その頃には大阪にも月一でやってるバトルがあるんですよ。ダンスバトルとMCバトルが毎月あるっていう俺らのツレがやってる『UNDERGROUNDS』ってイベントがあって。

HIDA そのMCバトル部門を担当してたのが僕なんです。同い年の僕の友達のダンサーがはじめて、ダンスとMCバトルの両方をやる。「じゃあ、俺どっちも出るわ」つって両方優勝してたりとかしてたんですよ。

ERO それは2003年くらいから、2年くらいは続いたと思うんですけど、終わっちゃって。で、『ENTER』がはじまるんです。僕らも『韻踏合組合』でデビューして活動している中、イベントは結構やってたりしてたんですけど、月一レギュラーでイベントをやるのは初の試みだったんですよね。今は毎月ではなくて3ヶ月か4ヶ月に1回なんですけど。バトルはフリーエントリーで、今一日で150人とか来ますよ。

でも、最初32人とか集めようってやっても60人くらいは来てましたね。当時は今みたいにバトルだけやってるような子らはいなくて、音源つくってる子らばっかりでしたね。いわゆるR-指定とか『梅田サイファー』みたいにサイファーから入ってる人はいなかったです。

HIDA 『UMB』がはじまって一回参加者は増えて、一時期また減るんです。そこから『高校生RAP選手権』がはじまってまた増えるんですよ。

ERO 『UMB』でR-指定が3連覇して、そこから次が多分何もなかったんですよ。R-指定とかも最初『ENTER』にバトルで出て、勝って『コッペパン』をKOPERUと一緒にレギュラーで出てて、2年ぐらいやってると思いますよ。CIMAの『BOIL RHYME』もそうですし。

梅田サイファーが来た時は、なんじゃこりゃっていうのはありましたね。若いけどダサいんですよ、格好とか。でも、なんか勝つんですよ。

HIDA 特にKOPERU、R-指定あたりは群を抜いて強かったですね。

ERO HARDYとか、じょうもみんな『ENTER』で一回活躍してから『高校生RAP選手権』に行くみたいなコースがありましたね。そういう意味では『UMB』は年に1回ですけど『ENTER』は定期的にあるし、サイファーも梅田は行きやすいし、スキルを磨ける土壌はあると思うんですよね。

HIDA なんか『ENTER』には来ないんだけど『UMB』には来るみたいな奴もいるんすけど。そういう奴は大体勝てないですね。

ERO ほんとR-指定とかは貪欲に毎回出てるようなタイプだったんで。元々『ENTER』はそういう若い奴が出て

貪欲に毎回出続けたR-指定

きたらいいなっていうのでやってたんで、R-指定とかは大正解ですよね。まぁ、よくインタビューとかでR-指定が、俺らがストリートな奴らからR-指定を守ってくれたから、みたいなことも言ってますけど、あいつは凄いからどこ行ってもR-指定になってたと思いますけどね。俺らが『ENTER』にレギュラーで出してたから、ストリート系の対応が柔らかくなったのは多少あるかもしれないですけど。

僕らも当時はゴリゴリ出てたんで、鍛えるっていう意味ではよかったのかもしれないですよね。まぁ、そういう意味では今いろんな大会が出てきてますけど、僕らずっと大阪で同じことをやり続けてるんで、ブレないところはありますね。

HIDA そういう意味では、フリースタイルの強いラッパーのアベレージが、関西の方が高いと言われてますね。

ERO それは間違いなく俺らがやってきたからだと思うんですよね。『SPOT LIGHT』は『韻踏合組合』の年末のビッグイベントをやろうっていうことの延長線ではじめたんですよ。今やバトルのおかげで客入ってるようなところもあるんすけど（笑）。『SPOT LIGHT』は2007年ぐらいからですかね。西の年間チャンピオンを決めるっていうコンセプトのバトルだったんです。10年目くらいからは、いろんなゲストも呼んで『ENTER』の勝者と最強を決めるという内容にはなっていきましたね。

HIDA 最近、サイファーも多いですけど、やっぱりサイファーとバトルってちょっと違うんですよ。サイファーやってるところに俺なんかが行くと、そういうのに慣れてないのか、全然シーンと黙っちゃう感じとかもありますし。サイファーで慣れてるとマイクも持たないから、バトルに出るとカラオケ持ちみたいになってるのもいますし。それは本当に増えた感じがしますね。

ERO 今、割といろんなバトルが増えてきてると思うんですけど『ENTER』『SPOT LIGHT』は割と王道をやっていこうかなと思ってますね。若いMCにもチャンスを与えつつ、それを特に年齢で分けることもせず。最近、予選もオープンマイクで4人とかでやったりとかするようにしてるんです。

HIDA 先攻も後攻もないんすよ。3、4分ビートを流すからやってみてって感じですね。

ERO そうじゃないとマイクを奪う能力もつかないんで。ちょっと他と差別化する意味でもそういう原点に戻ってますね。

HIDA まぁ、これ元々ダンスからきてるんですけど。ダンスは円を囲んで1人ずつフリースタイルをやっていくっていうようなことをやるんです。Bボーイって先攻も後攻もなくて時間も関係なくて、間合いで飛び出しあっていく感じなんですよ。要するにもう予選を映画『WILD STYLE』方式でやってるんですよ。

ERO だから、どんな奴が出ても全然いいんですけど、内容的には総合格闘技のど真ん中をやっていたいというか。アカペラバトルとかも『戦極』でSEEDAがやったりしてたんですけど、俺らも5年前くらいからやってたんです。あれもシンプルでごまかし利かなくて面白いんで。100秒ずつを4ターンとかでやってるんですね。

HIDA なんかよく僕らが若手を育てるみたいに言われるんですけど、別にその子のことを思ってやってるわけでもなくて、単純にそういうことをしてシーンが潤って広がっていけば、最終的に僕らのためになるんですよ。僕ら東京と違って媒体がなかったり、レーベルがなかったりする中でここまでやってきた。それを若い子たちが真似て機材買って家をスタジオにして、やってたりするわけですよ。そういう中でいい悪いがあって、なんか同じ間違いをしてほしくないなっていうのはあって。俺はこうしたから、うまくいくっていうんじゃなくて、これをやる時にこれをやったらあかんでとか、こうしたら間違えんでっていうのは伝えてますね。なんか例えば音源作りたいんで、凄いお金貯めて家にスタジオつくりますとか言うじゃないですか。そんなん今、携帯ひとつでやろうと思えばできるんですよ。そんな何でも最初にお金かけて物がないとできないのがヒップホップじゃないんで。

最近は夏休みとかで、クラブにも行かれないしっていう子らのために僕がやってるアメ村のレコードショップの『一二三屋』で『一二三屋CUP』っていうのをやってるんですよ。最近それを出張っていうか熊本で『一二三屋CUPin熊本』っていうのをやったんですけど。熊本はよく不毛の地というか、バトルの予選をやっても来ないと言われてるんですけど、僕はこっちから増やしにかからないといけないと思っていて。ヒップホップはウィルスで、ハマってしまうと〝末期症状〟を起こすと言われてるんですよ。僕ら病原体でウィルスを撒き散らしに行くぞというつもりで行くと、人が来るんですよ。

ERO 要するに、韻マンとかミステリオとかHIDADDYとかのそれなりに名前のあるラッパーが出ると、それなりに人が来るんです。ただ、バトルの大会をやるんじゃ来ないんです。

HIDA ちょっと引っ込み思案な子たちのために、1人でもグループでもエントリーできるようにしてるんです。だから1対5の試合とかあったりもするんですよ。それでもっと気楽にフリースタイルできる空気をつくってあげたいんですよね。

僕は10年先を見据えてやっていかないといけないかなと思ってて。『ENTER』をはじめて3年目くらいの時も「やる意味ないんじゃないの」みたいなことがあったんですけど、結果、今時代がむしろついてきたっていうのがあるんで、常にそのヒップホップウィルスが消えないようにばら撒き続けないといけないと思ってますね。

ERO ヒップホップを広げるための手段として、僕らはMCバトルを使ってるだけなんで、その辺はこだわってやっていきたいなとは思います。

ERONE DATA

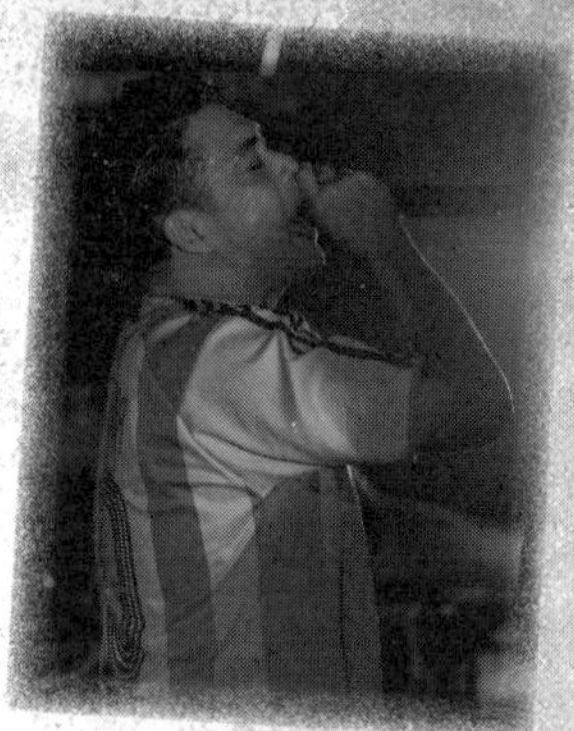

名前	ERONE
生年月日	1978年2月10日

PROFILE

関西屈指のヒップホップ集団『韻踏合組合』メンバー。メンバー内でSATUSSY、DJ KANと『CHIEF ROKKA』というクルーを組んでいる。『SPOT LIGHT 2009』準優勝。『SPOT LIGHT 2010』準優勝。『UMB GRAND CHAMPIONSHIP 2009』ベスト4。『フリースタイルダンジョン』審査員。3代目モンスター。MCバトル『ENTER』『SPOT LIGHT』を『韻踏合組合』で主催。

HIDADDY DATA

名前	HIDADDY
生年月日	1979年3月15日
レペゼン	大阪

PROFILE

ダンスとラップの両方に長けたリアルヒップホップMC。『韻踏合組合』メンバー。『HEAD BANGERZ』を組んでいる。HIDADDYが全国のラッパーとフリースタイルをして旅するDVD『ヒダディーひとり旅』は大きな話題となった。大阪アメリカ村アパレルショップ『一二三屋』を運営。『SPOT LIGHT 2012』ベスト4。『UMB 大阪予選2006-2008』3年連続優勝。『UMB GRAND CHAMPIONSHIP 2008』ベスト4。『高校生RAP選手権』レフェリー。MCバトル『ENTER』『SPOT LIGHT』を『韻踏合組合』で主催。

MCバトル全書

花形ラッパーたちのHIPHOP

晋平太／FORK／サイプレス上野
呂布カルマ／輪入道／TKda黒ぶち
NAIKA MC／裂固

東村山駅
Higashi-Murayama Station
西口
全面禁煙

『MCバトルを愛しすぎた男』が語る"あの事件"の真相

『UMB』2連覇と『フリースタイルダンジョン』史上初制覇を成し遂げた背景

晋平太

90年代ヒップホップの流行中学時代にラップを作った

生まれは新宿なのですが、小1くらいの時に狭山に引っ越して、それからはずっと狭山ですね。普通の活発な男の子って感じだったと思います。3つ上に兄貴がいて、兄貴がバンドをやっていたりしたので、俺も洋楽を聴くって感じでしたね。

で、中学3年の時の同級生に日本語ラップを凄く聴く奴がいて、そこから一気にヒップホップの世界にハマっていきました。そいつにミックステープをつくってもらって、その中に全部入っていた感じですね。『BUDDHA BRAND』『LAMP EYE』『キングギドラ』『SOUL SCREAM』。その辺がメインというか。そいつは本当にヒップホップ好きで、中2くらいの時に『暗夜行路』とか『亜熱帯雨林』に行って最前列でYOU THE ROCK★さんが着ていたスウェットを奪ってくるくらい好きな奴で。ラップの仕方から全部そいつが教えてくれて。『Fine』とかにラップの書き方とかライミング講座みたいな感じでちょっと載っていたりしたんですよ。同時にUSのヒップホップも聴いてたし。当時ってどっちも聴くのが普通だったんです。『ウータン・クラン』の相関図とかつくったりしてました。で、そいつと2MCのクルーをすぐに組んだんですよ。もう聴いてすぐに次の休み時間にラップを書きはじめるっていう偉業を達成しているんで（笑）。もう、アホ

ライムが好きで中学の時に『FG NIGHT』へ

だったんですよ。

当時から弁が立つじゃないけど、ちょっと生意気な奴だったので、そいつからしてもススめたくなるキャラだったのかもしれないですね。まぁ、凄い自分が目立ってたわけではなかったですけど、目立つグループの中にはいたって感じですかね。割と狭山って田舎で、そういう感じの奴が多かったです。みんな『Fine』とか『Boon』とか読んでるような感じです。

もう本当にヒップホップがブームになっていて『さんピンCAMP』のビデオとかみんな見ているような時ですよね。僕はライムする人が好きだったので、『FG』とかにハマってました。一番最初にライブに行ったのが『BY PHAR THE DOPEST』※1のアルバムが出た時のリリパで。『FG NIGHT』だったと思うんです。中3か高1の頃ですね。めちゃくちゃ興奮しましたよ。

でも、高校に入ったら急にそういうのが冷めちゃって、まわりが凄いギャル男みたいになって行くんですよ。B-BOYだと馬鹿にされるようになったんです。なんかマニアックな趣味みたいになっちゃってたんですよ。その友達はそんなの関係なくずっと聴いてましたけど、僕は高校で一時期聴かなくなっちゃったんですよ。

でも高校くらいで『OZROSAURUS』と『NITRO MICROPHONE UNDERGROUND』がアルバム出したのかな、それでまたちょっと盛り上がっていたところで大学に行ったんですよ。みんな職人になるかパチンコ行くかみたいな感じになっていたのですけど、俺全然そういうのは興味なかったので。

それで、大学でOJIBAHっていうラッパーに出会ったんです。そいつが凄いカッコよくて、色々教えてもらって、またラップをはじめました。オープンマイクとか出たりしはじめたのもその頃ですね。その年の2001年に『B BOY PARK』のMCバトルがあって、OJIBAHがエントリーするからっていうんで俺も一緒にエン

※1『BY PHAR THE DOPEST』KREVAがやっていた2MCのユニット。

トリーしたら、俺だけ本選に残っちゃったんですよ。それでベスト8まで行ったんです。その時に同い年のKINDA SHER ROCKって準優勝した奴に負けて。何だよ同い年かよ、しかも、実は家が近所だったってこともわかって。それでOJIBAHと3人で遊ぶようになったんです。その2人といろんな仲間を集めて『NEO字音』ていうクルーをつくりました。あと、俺とOJIBAHで『RUDEE KIZZ』っていうのもやってましたね。

当時、バトルは『B BOY PARK』しかなかったですね。でも、HIBIKIさんていうラッパーが『B BOY PARK』の本選に行った奴だけを集めた『REVOLUTION』ていうコンピを出して。それがデビューでした。それでHIBIKIさんがイベントをやってくれて。『ICE BAHN』とか一緒だったんですけど、当時まだ18歳とかで出させてもらってました。

そのあともずっと『B BOY PARK』のMCバトルは出続けていたんですけど、なかなか勝てなくて、でも、2005年に優勝できたんですよ。そこからちょっとやらなくなっちゃうんです。ちょっとCD出したりライブやったりで一旦バトルはやらなくなるんですよね。

その頃に『UMB』が、アンダーグラウンドな動きとしてはじまるんですよ。でも、実は俺あんまりそういうアンダーグラウンドな流れに惹かれているわけでもなくて。みんな憧れてたんですけど、俺はZeebraさんのオーバーグラウンドな動きに憧れてたんですよ。当時、俺は音源がそこそこ売れて調子に乗っていたんですけど、よくある新人って感じでイマイチになってしまって。

そうこうしてるうちに『UMB』と『MSC』が盛り上がっていたりして、悔しくなってまた出場しはじめたんです。2009年の『UMB』東京予選に出たけどダメでしたね。でも、翌年の2010年に優勝できたんですよ。今考えると、速攻優勝って感じに見えま

すけど、もうその当時はめちゃくちゃ練習をやってました。もう毎日スタジオに入ってました。仕事終わってすぐスタジオに入って1時間とか2時間ずっとフリースタイルをするっていうのを毎日やってました。当時、中野に住んでいたんですけど、高円寺の『studio DOM』という凄くマッドな場所なんです。その中でも一番マッドな奴みたいに言われてました（笑）。どうしたら勝てるか死ぬほど考えたし、研究もしました。ありとあらゆるシチュエーションを想像してやっていました。

　それこそ、昔はアンサーにそれほど重点が置かれてなかったような気がします。だから、僕はライミングをしながら、アンサーもしっかり的確にするっていうことに重点的に取り組んだんですね。それができれば絶対勝てるっていう感じでやってました。それで2連覇まではいけたし、しばらく勝てたんですよ。で、2012年で3連覇を目指していたんですけど、負けちゃってまた一旦やめました。

　もう凄いエネルギーを使うし、絶対勝つっていう気でやっていたんで、敵もつくっちゃったし、ちょっと面白くなくなってきちゃった感じもあったんですよね。僕はかなりストイックにやっちゃうタイプなんで、凄く疲弊してしまってました。

　まぁ、呼ばれたらちょこちょこ出たりはしてるんですけど、もうその時くらいには絶対勝つ気ではやってないんですよね。今も含めて、ある程度楽しんでやってますね。本気でやってたのは2012年までですね。

　そのあとは『UMB』の司会をやらせてもらっていたんです。そういう時に漢くんと『Libra』が超もめていたりとかして。よくわかんない感じになっちゃっていて。実際のところ自分は『UMB』の司会になってから関わりはじめた感じだったので、全然よくわからないんですよ。自分としては2連覇して、プロップスも獲得させてもらって、司会をやらせてもらって、世話にしかなっていないし。日本で一

番大きなＭＣバトルの司会をやらせて貰えてありがたいですすっていうだけなんです。

なんか周りも煽るから『ＵＭＢ』を守らなきゃなっていう思いだけで漢くんともめてしまったんです※２。そういうテンションの中で『フリースタイルダンジョン』の審査員になりました。でも、やっぱりなんとなく俺の居場所がない感じもしたし、疎外感は現場では多少感じていましたね。

正直、俺からすると何が起きているのかよくわからないっていう感じだったんですよ。俺は『９ｓａｒｉ』の人とか漢くんを敵に思っていたわけでは全然ないんだけど、彼らからしたらみんな抜けて、俺も抜ければすべて解決という考えだったと思うんですよね。俺が来て、いきなり１人で回しはじめちゃったような感じだったので。俺としては抜けるも何も入ったところだったから。

俺が入った時は、みんなやめて新しい人しかいなかったし、俺も新しく入った感じだったんですよ。『ダンジョン』に関しても、スタッフさんとかも色々気を使ってくれたりもしていたのですけど、離脱することになりました。『ＵＭＢ』の司会はその２０１６年に１年やって、でも流石に色々気持ち悪いからやめますって言ってやめたんですよ。それもちゃんと社長にはわかってもらえるように筋通したし、今は漢くんとも全然悪い関係ではないんです。

俺にとってはＭＣバトルは『ＵＭＢ』なんで。誰のものかとか、どっちが正しいのかっていうのは僕はわからなかったんですけど、ただ自分はその時司会として関わってたし、その大事な『ＵＭＢ』を守らなきゃっていうか、社長の側の意見も普通に聞いてたっていう単純な気持ちでやってただけです。自分的には全然社長から何かを強制されていたなっていうのはなかったですから。もう２０１６年のことは記憶にないくらい大変な年でしたよ。

それでその年に司会をやめて、ロスに行ってＤＪ ＹＵＴＡＫＡに会いに行ってたんですよ。ＹＵＴＡＫＡさんにしろＣＲＡＺＹ-Ａにしろ『Ｌｉｂｒａ』の社長にしろ、少し悪評がついてまわるタイプだけど、俺からしたら凄くいい人だし、世話になっている人なんですよ。みんなヒップホップを教えてくれた人なんです。

ＹＵＴＡＫＡさんに「お前はお前で頑張ればいいんじゃない」って言ってもらえて、それでバイブスあげてもらえて。当時はめちゃくちゃ叩かれてたから、ちょっと救われた感じでしたね。

そこから帰ったタイミングで２０１７年の『フリースタイルダンジョン』に出たので、その追い込まれた感じがあってまた絶対負けられないっていう思いでやったから史上初の制覇っていうことになったんだと思うんですよね。

もう全然漢くん普段は優しくいい人で大好きだし、社長も全然大好きなんで、俺は基本どっち側でもないんですよ。まぁ、もし建設的に仲直りしたい

※2 MC漢とのトラブル　『Libra』と漢の間に起きた“ビーフ”に絡んで、当時『UMB』の司会進行をしていた晋平太も『Libra』側の人間として対立構造に巻き込まれた。

世話になった『UMB』に恩返しがしたかっただけだった

みたいなことになるんだったら、僕は手助けしたいですね。

『ダンジョン』だってモンスターを決める戦いに俺を出してくれたのだって粋じゃないですか。漢くんだって俺は出さないでいいよって言おうと思えば言えたんですから、そういうのを抜きにして出してくれたのはめちゃくちゃ男前だなって思いましたよ。

今大体主要な大会は『KOK』をのぞいて優勝して、MCバトルという文化を愛してるし、別に売名のためにバトルをしてるっていうのは今となってはないし。バトルが好きっていうか、やる必要があるから俺はやってるし。

最初は当然有名になるためにはじめたけど、もう今はそういうことだけでやってるわけでもないんすよね。でも、ちょっと今はまた楽しみたいから、一応2019年でMCバトルは引退します。今2012年くらいのテンションを求められても困るし、できないから。楽しくやろうと思えば一生できるんですけど。でも、バトルに何か変化があるって時には全然一肌脱ぎますよ。

俺は作品を売るためにやってるっていうスタンスではないから。変な話CD売ってライブするだけがラップじゃないし、俺は〝ヒップホップ〟をやってるつもりですべてをやってるから。俺は『東京B・BOYS』『ROCK STEADY CREW』の精神。さらにYUTAKAさんから『ズールー・ネイション』※3の精神を教わって、それを文化として守りたいからやってるんすよ。ヒップホップって『peace』『UNITY』『love』『having fun』の精神でやらなきゃいけないと思ってやってる。だから学校行ってやったり、子供たちに向けてやってるんすよね。別に偽善でも何でもなくて、ヒップホップって本来そういうものだからやってるだけなんだよね。

※3『ズールー・ネイション』ニューヨークで一大勢力を誇ったギャング組織『ブラック・スペード団』の総長だったアフリカ・バンバータが1973年に結成した非暴力組織『ユニバーサル・ズールー・ネイション』。また、バンバータはDJ、ダンス、グラフィティ、MCの4大要素を総称して"ヒップホップ"と命名した。

晋平太 DATA

名前	晋平太
生年月日	1983年1月10日
レペゼン	狭山
所属レーベル	TWIN PLANET

PROFILE

東京都出身、埼玉県狭山市で育つ。はじめて参加した『B BOY PARK』MCバトルでいきなりベスト8に進出。それをきっかけにCDデビュー。2005年『B BOY PARK』MCバトルで優勝し、一時期バトルを休止。2009年に復帰し2010年・2011年に『UMB』を2連覇という史上初の快挙を成し遂げる。その後のブランクを経て2017年に『フリースタイルダンジョン』のチャレンジャーとして参戦。見事史上初の制覇を成し遂げた。2019年でバトル引退を宣言。座右の銘は『Do My Best』。

音源略歴

2004年	アルバム『SHOW ME LOVE』
2006年	ミニアルバム『City of Angel』
2009年	アルバム『ARE YOU HAPPY?』
2011年	アルバム『REVENGE』
2014年	シングル『にほんごであそぼう』
2015年	シングル『CHECK YOUR MIC』
2016年	アルバム『DIS IS RESPECT』

バトル略歴

2005年	B BOY PARK MC バトル 優勝
2010年	戦慄MCバトル Vol.16 優勝
2010年	UMB 2010 本戦 優勝
2011年	UMB 2011 本戦 優勝
2012年	戦極MC BATTLE 第一章 優勝
2014年	戦極MC BATTLE 第十章 優勝

THE NORTH FACE

2003年『B BOY PARK』MCバトルでの
般若vsFORK戦
審査方法の新基準が生まれ、
大きな分岐点を生んだと言われる
その試合の背景に一体何があったのか。
その全てと現在の『フリースタイルダンジョン』
につながる物語を聞いた

デビューした時から続く 般若との長い長い因縁の果て

ライムセーバーの逆襲 FORK

スケーターから ヒップホップの世界へ

横浜の瀬谷っていう横浜の端っこのいなたい寂れた地区の出身なんですけど。中学の時にスケボーが流行ってて、スケボーのビデオなんか見るとヒップホップがかかってたんですね。それで、スケボーする時にヒップホップをかけるみたいなノリで最初は聴いてましたね。そこから高校入ってＤＪをはじめたんですよ。

同じ高校に石川町の出身の奴でＤＪやっているのがいて、瀬谷にはまだＤＪカルチャーは入ってきてなかったんです。俺らの周りだと『ＢＯØＷＹ』のカバーをするような奴が多いんですけど、そいつはヒップホップダンスをやってたんですよ。あの辺りは基地があったりしてブラックカルチャーが日常にあるような感じなんだと思うんですよ。

それで、そいつの家でＤＪ教わるうちにやりたくなって。当時はまだ日本語ラップといっても『脱線３』みたいな感じだったんで、ＵＳのラップを主に聴いて

はじめて出したコンピで般若と出会った

ました。それで高1のお年玉でターンテーブルを買って、っていうところからいろいろ日本語ラップも聴くようになりましたね。『キングギドラ』とか聴くようになって、『さんピンＣＡＭＰ』のビデオを見て、そこら辺を聴きまくる感じでした。それで17歳くらいの時からＤＪからラップをするようになったっていう、いわゆるその時代の王道コースでした。当時はイケてる奴はヒップホップを聴くという感じがありましたから。

それで地元の奴と『ＢＩＧ ＳＷＥＬＬ』っていうクルーを高校ではじめたんですよ。それで横浜の『ＨＥＡＶＥＮ』でクラブでライブをやってたら『クラブチッタ』の松井さんに、突然声をかけられて、無名のラッパーを集めてコンピをつくるから参加してくれって言われたんですよ。そこに実は般若さんの『妄走族』もいたんです。

それがラップしててはじめて声をかけられた時だったし、まだ全然オリジナルトラックでラップしてたわけでもなかった時です。

俺は最初は本当にフリースタイルとかじゃなくて、書いてつくってました。フリースタイルっていうものもよくわかってなかったし。でも、ＤＪをやってたから、バースは何小節で、サビは何小節みたいな曲の構造はわかってたんですよ。だから、その分を書いてきて、作るみたいなことをやってましたね。当時はネットもなかったし、情報源は『ＷＯＯＦＩＮ'』と『Ｂｏｏｎ』と『Ｆｉｎｅ』と『ＢＬＡＳＴ』のみって感じだったんで、フリースタイルっていうのがどういうものかもわかってなかったです。

一番最初から韻を踏むということは、めちゃくちゃ意識してました。特に当時は『キングギドラ』のファーストとか凄い聞きまくってましたね。物語みたいになってるのに、韻を踏んでいるのが凄いなと思ってました。それこそ『パーティーチェッカー』のＰＶに俺、偶然出てるんです。本当にわからないくらい足元だけなんですけど。俺当時、ツナギ着てアフロでゴーグルして、木の枝みたいの咥えて歩いてたんですよ。多分それで見た目が目立つから声かけられたんだと思うんですけど。

バトルにはじめて出たのは『Ｂ ＢＯＹ ＰＡＲＫ』の２００１年ですね。その時は『ＢＩＧ ＳＷＥＬＬ』のメンバーといろいろ仲違いがあってやめて『ＩＣＥ ＢＡＨＮ』のメンバーに加わってフィーチャリングみたいな感じでライブをやりはじめてた時なんです。その時も全部書いてやってたんですけど。そういう頃に『Ｂ ＢＯＹ ＰＡＲＫ』のＭＣバトルがあるって聞いたんですよ。俺が出たかったから2人を誘って出たんですけど、その時にフリースタイルをやろうってなって、結果全然できなくて。結構ネタも仕込んだりしたんですけど、もう頭が真っ白になっちゃって何にもできないみたいになってましたね。その予選の1回戦が般若さんだったんです。生まれてはじめての相手が実は般若さんだったんですよね。『ＢＩＧ ＳＷＥＬＬ』の

コンピの時に会ってたから顔見知りではあったんですけど。だからバトルの時に「YO 元『BIG SWELL』のタカ！お前なんか●●でオカマ」って言われて負けたのを今でも覚えてます。

この間、漢くんとも話したんですけど、そのバトルの予選がはじまる前にくじ引きした後に、楽屋でみんな待ってるんですけど、そこで般若さんと「俺とじゃねーかよ」みたいに話してたんですけど、その時に漢くんが別のところで喧嘩してて。「お前、表出ろよ」みたいになってて、相手は「俺はマイクで勝負つけるぜ」みたいに言ってるんですけど、「いや、関係ねー。お前、表出ろよ」っていざこざになってたんですよ。確か相手は『練マザファッカー』のメンバーの誰かみたいな感じだった。

その時、玉露が1回戦勝ったら2回戦はあの2人の勝者だ、みたいに言われて「マジすか！」ってなって。もうなんてところに来ちゃったんだって思いましたね。

当時すでに『妄走族』とか『MSC』のマイクジャックの話は噂には聞いていて。『BIG SWELL』の時に般若さんと会ってたりして、カチコミの仕方とか聞いてたんですけど「いや、俺行かないですから（笑）」っていう感じでしたね。あの頃そういうことしてたのは、ほぼあの2組だけですよ。だから、バトルの時もあの2組は特にヤバかった。

だから、例えば般若さんに対して「三軒茶屋」みたいな言葉を使うと、それ聞いてた取り巻きに終わってから囲まれて「おい！地元の三茶なめてんのかっ！」みたいなことはありましたね。『MSC』だったら常に『サテライト』の連中がステージの周りで目を光らせてるみたいな感じでした。

だから、逆にステージの上ではある程度の秩序があったんですよ。下手なこと言うとやられるんで、言えなかったんです。今そういうのないじゃないですか、逆に安全なんで、ステージの上に秩序がないというか。当時ステージ上で「殺すぞ」って言ったら、「じゃあ、本気で殺してみろよ」って言う感じがあった。その取り締まりをしてたのが『妄走族』と『MSC』なんですよ。

1年目はそういう感じで、俺は1回戦負けだったんですけど、玉露が本戦まで行って。本戦の1回戦でKREVAさんに負けたんですよ。でも、そこで審査員のROCK-TeeさんにROCK-Tee賞をもらったんですよ。そこではじめてROCKさんとつながってトラックを貰ったりできたんです。それでファーストアルバムを作ってという流れになり、それなりにうまい具合にいってました。

当時はイベントをやっても平日やるくらいなもので、週末にやらせて貰えることはなかったんで、そこから変わっていった感じでした。平日月曜の新宿『IZM』とか誰もいないような所でやってましたから。でも、そういう場所にダースくん（ダースレイダー）とかも出たりしてたんですけど。

2001年に般若さんに負けてから、本気でフリースタイルをやりはじめました。もう車の中でもずっとやってましたし、スタジオ入って2時間とか玉露とKITと延々とフリースタイルをやるというようなことを続けてました。そうすると決まりきった単語が出てくるんですよ。お決まりのライムが出てくるんですけど、それが1周して2周して3周目くらいで拒否反応が起きるんで、そこではじめて新しいところにいけるみたいな感

じになるんですよ。キツくなってからが本当の筋トレだみたいな、そういうやり方をしてましたね。ていうのは、玉露が日体大出身で、かなり体育会系なんですよ。もうとことんやるみたいな感じでした。

そもそも俺らはめちゃくちゃアウトローじゃないし、凄い知識があるわけじゃないし、器用に何でもできるわけでもないし、何で一個秀でるかってなった時に、俺らはライムしかないってなったんですよ。だから、そこで突き抜けようって躍起になってたんですよ。

で、2002年にまた『B BOY PARK』に出て、予選を通過したんですけど、本戦の1回戦がまた般若さんだったんですよ。でも、また負けました。その後、ベスト4でも玉露と般若さんで、2人ともリングの上で裸になったりとかして、何の戦いなんだって感じでした。結果、般若さんがまた勝つんです。その時の決勝が、のちに語り継がれる般若さん対漢さんなんです。

それがあっての2003年本戦のベスト8での般若さんとのバトルなんですよ。そこでいろいろ起きて。俺はもう3年越しの般若さんとの戦いで「行くしかねー」っていう感じだったし。俺からしたらRUMIさんとやってるテープの時代からバリバリ聞いてるくらいのファンでもあったし、だからこそ1回勝ちたいっていうのもあったんですよね。

でも、周知の通り、かなりごちゃごちゃしちゃって『B BOY PARK』のMCバトル自体が終わっちゃうんです。あの頃はずっと審査員判定だったんですけど、それに「納得いかねー、客に聞いてみてくれよ」って般若さんの仲間がステージに上がってきちゃったんすよ。そうなると玉さんも体育会系だから上がってきちゃう。もう客席がモーゼの十戒みたいに道が開けて上がってきた。司会のRYUさんも審査員の判定では俺の勝ちにしてたんですけど、その圧があって「俺は決められない」って観客判定に持ち込むんですよ。

俺的にはそこで国内でははじめて観客判定が行われたと思ってるんです。そこでやっと、俺が勝ちという判定になったんですよ。

でも、リングを下りたらガチの乱闘になって、客席も騒然とした感じになっちゃったんですよ。それで主催側も収拾つかないからってことで、翌年は『B BOY PARK』でのMCバトルはやらない代わりに、漢さんが『UMB』をはじめたんだと思うんですよ。でも、般若さんはその事件が起きた時もその前もずっといい人だったんで、なんなら横浜まで僕のライブを見に来てくれたりしてたし、バトルの時も「お前、本当にいいのか？」ってちょっと俺のことを心配してくれてたんじゃないかって思います

取り巻きが怖いからこそ保たれていたリングの秩序

もう一回3人でひと花咲かせる覚悟で
モンスター就任を承諾

よ。周りは結構ガチの不良だったかもしれないけど、般若さんはずっとBボーイであり、ラッパーだったんすよね。

　でも、ちょっとその件で俺らもバトルやめようってなったんですよ。幸か不幸か、その事件によってめちゃくちゃ名前が売れて、覚悟を決めてたのが良かったのか、みんななぜか俺らに対して一目置いてくれるようになって、ライブ出演の方は忙しくはなっていったんです。

　バトル的には2005年の『3 on 3』MCバトルで、俺らは3人だし、団体戦ならってことで出たら優勝したんです。もうこれでバトルはいいだろって思ったんですけど、2006年に『UMB』が全国予選をはじめるんですね。そこではじめて横浜予選ていうのがはじまってしまうんですよ。玉露は葉山でKITは横須賀で。そしたら最後に一回ここは出ておくかってことで出たんですよ。

　そしたら横浜予選で優勝して、本戦でも決勝はカルデラビスタって前年優勝してた奴に勝って日本一になれたんです。その時の一回戦が、すでにおつきあいのあった『韻踏合組合』のHIDAやん（HIDADDY）とだったんですけど。それが結構今でもベストバウトだって言う人もいたりして。韻を踏みまくるっていう共通点で彼らとは仲良かったんで、余計に負けられない戦いになったんすよ。そのDVDも結構売れて、また名前が売れた感じにはなったんです。でも、そこでもう俺は出ないって決めて、そこで一回やめたんです。

　もうクラブに行くと、どこでも仕掛けられるようになったりしたんで、もう全部やるかやらないかだなっていう風に思って、やらない方にしたんですよね。でも、バトルはこっそり見たりはしてたし、『ICE BAHN』のライブ中に3人でフリースタイルはよくやってました。

　それで、だいぶ経って『フリースタイルダンジョン』。晋平太が審査員を降りて、そこにゲスト審査員の枠ができて、審査員ならいいかってことで行くんです。それでまた般若さんがいるじゃないですか。

　で、般若さんと崇勲がやった試合があって、般若さんが勝って、そのあとにカメラに向かって「KREVA出てこいよ」って言うんですよ。それを間近で見た時にちょっと熱くなっちゃって。「あの時の般若さんだ！」って。2003年とかの『B BOY PARK』で見てたあの顔を十数年ぶりに見たんですよ。うわ、この人まだあそこにいたまま戦ってるんだって思ったんです。逆に俺は何をやってるのかなってなっちゃったんですよね。現役じゃねーとか言って逃げてるけど、それでいいのかって思っちゃったんですよ。

で、審査員は終わったんですけど、そのあと般若さんから電話がかかってきて、隠れモンスターで出てくれないかって連絡が来たんですよ。一回考えてどうしようかって思ってたら一旦やっぱり大丈夫ってなりました。そのあとまた連絡が来て、隠れモンスターとチャレンジャーと両方でオファーが来たんです。それじゃあ、チャレンジャーで『ICE BAHN』で出ようかってなったんですよね。それで3人でも隠れモンスターでも出て、手応え的にもあったんで、できるもんだなって言うのは実感できましたね。

はたから見ててイメージトレーニングはしてたし、みんな凄いびっくりするくらい技術はあるんですけど、なんかカッコ良くねーなっていうのもあって。多分さっき僕が経験したような〝覚悟〟みたいなものがないのかもしれないなと思って。まぁ、自分が年とっただけかもしれないんですけど。

例えばDragon Oneとやった時なんかも「あの時代だったら1週間以内に刺されるぞ」って言ったりしてたんですけど。あれは当時の『MSC』に本当にあったルールなんですよ。ステージで嘘を言っても1週間以内に達成すればいいっていうルールで、本当にそれをやらなければいけないっていう話があって。だから、もう韻を仕込むとかじゃなくて、内容的な凄みに訴えるというか、理論武装する方法を考えて攻めたからいけたのかなと思いますね。

もう流石にいいかなと思ったら、今度は2代目っていう話が来て、他のメンバーは即答したらしいんですけど、俺は一回持ち帰らしてくれって言いました。というのは俺ソロ活動じゃなくて、基本『ICE BAHN』なんですよ。やっぱ俺らは常に3人で動いてるんで。だから『ダンジョン』にモンスターとして出るからには俺は『ICE BAHN』としての動きがもっと必要になるっていう話

を3人で電話が来た当日にしたんです。「もう一回ひと花咲かせるくらいのつもりで、やる覚悟はあるか?」っていうことをみんなに聞いて。もちろんアルバムをつくったり、とかそういう動きもしていかなきゃいけないから。そしたら、みんなも是非やってくれってことだったんで、やりますってことになったんですよ。

もう俺があそこでやっていくってなった場合に、そういうことじゃないと勝てないと思ったから。もう『ICE BAHN』の3人で20年近く現役でやってきてることとか『B BOY PARK』で経験した厳しい戦いとか、そういうこと全部を武器にしていかないと俺は若い奴に勝てないだろうなっていうのもあって。まぁ逆に、このタイミングでギリギリちょうどよかったっていうのもあるかもしれないですね。年を経て、いい感じで言葉に重みを持たせられるようになったっていうか。多分すべてのタイミングが俺的にはこの時期だったんだろうなっていうのはありますね。

だから、メンバーにもモンスターで戦う時にはできるだけ見にきてもらってます。俺、モンスターの中で般若さんを除くと最年長だったのもありました。玉露とKITっていうのは俺の2つ上の先輩なんで、気づいたことがあれば言ってくれって頼んでるんですよ。基本的に何にも言わないんですけど、なんか細かいところは突っ込んでくれることはありますね。

でも、本当にあの2003年の『B BOY PARK』での出来事っていうのは凄いでかくて、あの時のことがあったからこんなに長く3人でやれてるっていうのはあるし、あの時、玉さんとKITが客席からガーッって上がってきた時の姿は今でも鮮明に覚えてますよ。彼らのおかげで今もこうしてやれてるって思ってますし、こういうスタイルでやれてる数少ないラッパーだと自負してます。マジでこれからも「姓は『ICE BAHN』名はFORK」でどこまでやれるかってところだと思ってます。

『フリースタイルダンジョン 2代目 THE EP』(GARAGE MUSIC JAPAN)発売中

FORK DATA

名前	FORK
生年月日	1980年生まれ
レペゼン	横浜
所属グループ	『ICE BAHN』
所属レーベル	『HAMMER HEAD RECORDS』

PROFILE

高校時代に『BIG SWELL』として活動を開始。その後、神奈川の先輩だった『ICE BAHN』に加入。押韻主義を標榜し、ライムに長けたラップでその名を知らしめる。ライムセーバーの異名を持つほど韻にこだわる３人組。『ICE BAHN』の活動は2001年からはじまり、現在18年目。ソロ活動をせず、グループでの活動にこだわる数少ないラッパーの一人。『UMB』2006年優勝。『フリースタイルダンジョン』２代目、３代目モンスター。

音源略歴

1999年	BIG SWELL名義 V.A『ONE FOR ALL』
2003年	ICE BAHN名義 アルバム『STARTREC』
2003年	ICE BAHN名義 LP『IB法』
2006年	ICE BAHN名義 EP『JACK HAMMER』
2008年	ICE BAHN名義 アルバム『OVER VIEW』
2011年	ICE BAHN名義 アルバム『Loose Blues』
2013年	ICE BAHN名義 アルバム『RHYME GUARD』
2018年	ICE BAHN名義 アルバム『LEGACY』

バトル略歴

2003年	B BOY PARK MCバトル ベスト3
2005年	3on3 FREESTYLE MC BATTLE 2005 GRAND CHAMPIONSHIP 優勝(ICE BAHN)
2006年	UMB 2006 本戦 優勝

サイプレス上野

戸塚ドリームハイツの"あぶないヤツ"ら

ECDが認めたオリジナルスタイルでバトルも勝利

横浜の戸塚区にドリームハイツという
マンモス団地がある。
サイプレス上野はその地で
独自のヒップホップな10代を過ごした。
そのヒリヒリするほど過激な時代と
その後のラッパー、バトルMCとしての成功の足跡、
そして、初代モンスターとしての裏事情を語る

同じ団地の仲間でスケーターvs暴走族

戸塚で、横浜ドリームランドって遊園地に併設されたドリームハイツっていう団地でずっと育ったんですよ。もう今は廃れてなくなった遊園地なんですけど。駅から遠くて、友達もそこに限られてるから、本当に閉ざされた街みたいな感じでした。坂の上なんで、他の地区の奴とか絶対来ない場所なんです。

エコーっていう本屋が団地にあって、そこが溜まり場だったんですけど、その横に小さいゲーセンがあるんです。そこが最低で、衛生面とかもむちゃくちゃなんですよ。普通にガムとかぺっぺ捨ててるし、みんなそこで駄菓子を買ってはゴミを捨ててるんです。ずーっとゲームやって、駐車場もあるんですけど、今もスプ

スケーターと暴走族の溜まり場だった ゲーセンの駐車場

レーの落書きとかが超残ってます。そこが暴走族の溜まり場でした。

だから、暴走族がいる時は絶対行かない、来たら逃げる感じでした。でも、ゲームするのはそこと、ドリームランドに併設してたドリームボウルっていうボウリング場の地下にあるジョイパックドリームっていうゲームセンター。そこはエコーを卒業した先輩が行く、喧嘩の激戦区みたいなところで、もっとやばいから近づいちゃいけないところでしたね。

俺たちはエコーにいました。吉野とかも後輩でしたね。吉野の兄貴が4つ上なんですけど、吉野君っていう一匹狼の最強の男として知られてて。スケーターとかじゃなくて、暴走族でもない、ただの不良みたいな単独硬派なんですよ。悪すぎて中学校飛ばされてて。そこも喧嘩の激戦区だったんですけど、トップ獲ったっていうような人でした。

それから中学校とかでスケボーを買いだして、ヒップホップに出合った感じですね。

友達の兄貴がジョイパックドリームの駐車場でスケボーやってて、そこにスケーターとBMXライダーとかが他の地区からも集まってましたね。

中学校になって、俺は横浜中学校って野球で有名な横浜高校の中高一貫の私立に行ったんですよ。野球部に行くつもりが野球部がなくて（笑）。その時に高校の先輩とかにヒップホップ好きな人とかがいて、色々教えてくれましたね。『Naughty By Nature』とかが流行ってた感じでした。『DJ Jazzy Jeff & The Fresh Prince』とかを家で爆音で聴いてました。学校帰りにディスクユニオンにレコードを買いに行ったりとかして、それをドリームに持ち帰って、みんなで共有してました。

ドリームハイツの仲間は、みんな全然暴走族とかそういうのになりたいとかじ

サイプレス上野とロベルト吉野　PV
『Bay Dream 〜from課外授業』より

ゃなくて、スケーターとかそっちの方がカッコいいじゃんっていう価値観が強かったんですよ。みんなでスケボーやって俺がテープを作って、みんなでそれを回すような感じでしたね。120分パンパンに入れて、それをラジカセでかけてみんなで伸びるまで聞くんですよ。

そういえば中学入った頃、うちらの隣の中学の奴らとモメたりしてたんですけど、そいつらとスゲー仲悪くて。そいつら全員ボンタンとか履いてヤンキーなんですよ。俺ら別に喧嘩するつもりもないけど、向こうが勢力的に強くなって、めちゃくちゃな奴らになってたんです。中1で学校の前のセブンイレブンのガラスを割ったりしてましたからね。あいつら来るから今日はスケボーやめといた方がいいぞみたいなのがあって。それで逃げるのも嫌だしなって行ったら普通にいて、そのあとにさらに別の地区のS中学っていうのがあって、そっちもめちゃくちゃ悪くて。ドリームランドの駐車場に、スケーター、BMXライダー、暴走族、先輩方みたいなのもいて、色々集うようになってたまにバチバチやってましたね。

俺たちが野球やってた時にゾロゾロ来て「お前、俺たちのチャリパクっただろ」とか言われて。「チャリあんじゃねえかよ？俺のだよ」「盗ってねえよ」みたいな感じになって。それで「しょうがねえからとりあえず喧嘩すっか」みたいなことになり、ちょうど金属バットとかあったから、思いきし喧嘩になってましたね。

でも、俺らはそういうことよりも「ラップしてえな」っていう方が強かったから、中3からラップやりはじめて、不良の奴らも夜遊び好きだから、だんだんわかってくれるというか「お前らそういうんじゃないもんね」みたいな感じになってました。

それで渋谷に買い物に行くってなった時に団地の所から、バスが曲がる所にバス停があるんですけど、そこが鬼門って言われてました。そこからT中の奴が乗ってくるんですよ。そこを越えたら戸塚までセーフっていう。乗ってきたら緊張が走るんですよ。

俺がヘッドホンで音楽聴いてたら、バスに乗ってきて、日曜日なのに白い学ランとボンタンを履いてて。「何聴いてんの？」って言うから「ヒップホップだよ」「おー、カッコいいじゃん」って言われたんですよ。「渋谷とか気をつけろよ」みたいな感じで言われて。あいつらヤンキーだから、たぶん行ったことなくて。その時勝ったな、みたいに思いましたね。俺たちのほうが最先端だとしめせたみたいな感じで（笑）。そこから普通に仲良くなりました。

高校入って俺は応援団とかやりながらもユイ・ワタ・テラのグループでラップして遊んでて。スガイケンて奴もいたんですけど、そいつが途中で抜けちゃったんですよ。でもそいつが今は世界的に超活躍してるんです。SUGAI KENって名前で。基本的にオルタナティブな感じというか、フィールドレコーディングした音にミニマルテクノな感じをやるやつで、ヨーロッパツアーとかもやってるんですよ。

それで、俺らのクルーの名前を最初は『Title-B』って、そのSUGAI KENがつけたんですけど、なんか高3くらいの時に『Title-B』って意味わかんねえなって『ドリームラップス』でよくねっていうことになった。

高校で応援団をやってたおかげもあってか大学も推薦で神奈川大学に入れて、活動を続けてました。実はそこでもSEEDAとかDJ ISSOが同じ講座にいたりしましたね。プリント渡したりして（笑）。

当時は『ドリームラップス』のTシャツをつくって横浜の『club fire』とかで主催イベントもやってて、それとかも400人超とかで来るようになって、横浜の中でもかなり人気者になった気がしてたんですよ。Tシャツとかもバンバン売ってたんですけど、団地にいた暴走族の総長の人が「何この『ドリームラップス』ってTシャツ、お前らスゲー地元愛しててていいな」みたいになって。「俺が手を出さないように言うから」って。暴走族が一切俺たちに何もしなくなったんですよ。

大学の時でも、まだ全然半端なかったんですよ。溜まり場の駐車場のすぐそばにローソンがあるんすけど、立ち読みしてるだけで結構身の危険を感じる場所なんです。原付乗ってたら、いきなり族車とか来たりして。ローソンの中とか原チャで走るし、土曜日の夜とかは、特攻服着た奴と、スケーターがずっと立ち読みしてて、みんな座り込んで読んだりとかしてるから誰も買いに来れないんですよ。

その溜まり場で、フリースタイルやったりとかしてて。吉野がその頃DJ上手くなってたから、2枚使いで音つなげたテープ持ってきてました。あとはドリーム銀座っていう商店街があったんですけど、そこが真っ暗で、呪文みたいに朝が来るまで唱えてたみたいな感じですかね。けど、グループがその後崩壊しちゃって『ドリームラップス』なくなっちゃうんですよ。

そういう時に横浜の『LOGOS』の店長にレギュラーでやれよって頼まれて。でも、グループなくなっちゃってるし、バックDJいねえからどうしようって思って吉野に頼んだら、二つ返事でOKしてくれて、やることにしたんですよ。

それで大学卒業して、バイトで横浜の関内にあったディスクユニオンに入ったんです。そしたら先輩にお前ラップやってるんでしょみたいな感じで言われて、じゃあ一緒にやろうぜって言われて。その当時ってライブハウスにターンテーブルとかないから、吉野と2人で車で持ち込んでやったらすごい評判になって。それで『カクバリズム』の角張君とかがすごい可愛がってくれて、角張君もユニオン下北店の名物店員だったんですよ。社内電話とかでオファーが来てました。それで、下北とかにも進出しはじめて、石田さん（ECD）と『ユアソン』（YOUR SONG IS GOOD）と上野のスリーマンやろうみたいに言ってくれて、石田さんも俺たちのスタイルに共鳴してくれたんです。ECDに認められた！ みたいになって。コンピに入るのも決まって。それで『P-VINE』の佐藤さんにアルバム作っちゃえばいいじゃんみたいに言われて、そのままそのコンピのレコーディングしてたスタジオで『横浜ジョーカー』っていうEPを作ったんです。

そこらへんで『韻踏』（韻踏合組合）とかと仲良くなって。大阪に呼ばれた時に横浜でやりましょうよって言ったら、こっちのイベントの『建設的』に来てくれた

「枠からはみ出るのがヒップホップじゃねーのかよ」

んです。その何回目かの時に『クラブチッタ』で4人でフリースタイルをやる『B BOY PARK』のMCバトルがあって。1人ずつフリースタイルを発表するみたいな時があったんですよ。『韻踏』が誘ってくれて、寝ないで『チッタ』に行ってエントリーしました。

でも、自分としてはスゲー不満があって。ステージの中に四角い枠が作られてて、枠から出たら失格っていうのがあったんです。そこに立って審査員に向かってラップするんですよ。1人ずつ披露するような感じなんですね。ちょっとひねくれてた時代だったんで、枠からいきなり出て「枠から出てる奴がやるのがヒップホップじゃねーのかよ」みたいにぼろくそに言って。失格になったけど、まわりからは、お前らしくて良かったよみたいに言われたんです。ずっとみんなで酒飲んで、若いとはいえ寝てないから、酔っ払って眠くなって最後地べたで寝転がってたら、宇多丸さんが起こしてくれて。「上野、大丈夫か？ お前すげえよかったよ。しっかり帰れよ」って言ってくれて。なんかそこで結構つかえが取れたというか。俺は、失格にはなったけど勝つだけが俺にとってのフリースタイルじゃないし、自分の意思はちゃんと伝わったなぁみたいな感じでしたね。

その頃には草バトルとかは出てたと思うんですけど『UMB』には『お黙り！ラップ道場』の時から出てました。漢君の『MSC』とかの影響もあって『UMB』は横浜大会が盛り上がってたんです。毎回ベスト4とかまでいきましたね。太華さんとかには、ベストバウト製造機みたいに言われて（笑）。会話を確実に作って、自分の言いたいことだけじゃなくて客も楽しませるのは凄いとか言われてましたね。

その後はダースレイダーさんがやってた『3 on 3』とかにも出て。なんかそれは決勝まで行ってましたね。『3 on 3』とかはやたら強くて決勝まで俺が全部勝つっていう感じでしたね。

バトルは、曲やるのとはやっぱり違いますね。曲の部分では自分たちのユーモア的な部分とか、ドリームランドの気持ちとか、横浜でもまだやってくぞみたいな感じでつくってて、アルバムも『ドリーム』っていうアルバムを作ったりして。スタジオもドリームハイツの部屋借りてそこでレコーディングとかしてたんすよ。みんな〝ヤサ〟って呼んでるんですけど。吉野とか何人かで今も一緒に借りてます。

バトルも、もうちょっといいかなって頃に『フリースタイルダンジョン』の話が来た感じですね。そもそも最初は、ジブさん（Zeebra）にジョーカー的な立ち位置で出てくれないかって言われて。素人がチャレンジするやつだからと言われて、気軽に受けたけど、全然素人じゃねーじゃんっていう感じでした。

最初は勝ったから楽しかったけど、負

『ダンジョン』のために漢と鎖で出稽古

けてくると荒れたりとかしてたんで、なんでこんなことやんなきゃいけないんだよみたいになってましたね。

スランプだった時とか、漢くんと2人で話して、9sariに出稽古に行ったりとかしましたね。かなりモンスター同士の絆は強くなってました。チコ（CHICO CARLITO）とドタ（DOTAMA）が入ってきて、般若くんも責任を持ってやってくれて、結構自分のところに来る前に終わらせる、いわゆる戦略家みたいでした。

バトルに関しては『KOK』の第1回くらいから自分の主催で『ENTA DA STAGE』っていうのを横浜でやってますね。優勝者を『KOK』に俺たちから送り込むっていう。横浜の若いラッパーはサイファーをしてるんですけど、バトルをやる場がない。横浜のシーンっていうのがないんですよ。

横浜駅でもサイファーがあるけど、みんなで集まってやってる感じのサイファーで、そこから有名になるかって言ったらわかんない。だから若い子たちがやれる場所を作ってあげたいなっていうのが主旨ですかね。ライブとかも、いわゆるバトルを見に来てもライブの凄さをわかる仲間にお願いして、普段横浜で見れないゲストも呼んでますね。予算的には、賞金も出したりするから、はっきり言ってあんまり儲からないですけど。つか真っ赤っ赤（笑）。

でも、それぐらい盛りだくさんにして、ライブもやばいしバトルもやばいみたいな感じにしたいから。若い子ってYouTubeやテレビとかDVDの世界を見てるじゃないですか。レベル高いのばっか見ちゃってるから、俺たちはもっとオープンにみんなやればいいって思うのに、びびって来れないんですよね。昔の俺たちの世代って、名も売りたいし、ガンガン出ていくしみたいな感じだったけど。めちゃくちゃ下手な奴とかも出てましたからね。けど、それでよかったんですよ。びびってないで出ろよって。

そういう奴らにも場を作るのが醍醐味だと思いますね。全くわかんないダークホースがいて、横浜で売れてるラッパーに勝つとかそういう姿が見たいんですよ。

それこそもっとみんな〝ぶっかませ〟ってことですね（笑）。

サイプレス上野 DATA

名前	サイプレス上野
生年月日	1980年8月9日
レペゼン	横浜　ドリームハイツ
所属グループ	『サイプレス上野とロベルト吉野』
所属レーベル	『ZZ PRODUCTION』 『EVIL LINE RECORDS』

PROFILE

『サイプレス上野とロベルト吉野』を2000年に結成。マイクロフォン担当サイプレス上野、ターンテーブル担当ロベルト吉野。通称『サ上と口吉』。ヒップホップというジャンルに留まらず、『FUJI ROCK FESTIVAL』をはじめ、あまたのオルタナティブなフェスやイベントに出演。LEGENDオブ伝説a.k.a.サイプレス上野としてDJ活動もしている。プロレス、野球マニアとしても知られ、雑誌他メディアでも活躍中。バトルMCとしても『B BOY PARK』『UMB』『3on3』に参戦。『フリースタイルダンジョン』初代モンスター。現司会MC。2020年には『サイプレス上野とロベルト吉野』として結成20年を迎え、2020年３月18日にはコラボアルバム『サ上と口吉と○○（仮）』をリリース予定。

音源略歴

2004年	EP『ヨコハマジョーカーEP』
2007年	アルバム『ドリーム』
2009年	アルバム『WONDER WHEEL』
2012年	アルバム『MUSIC EXPRES$』
2013年	アルバム『TIC TAC』
2015年	アルバム『コンドル』
2017年	EP『大海賊』
2018年	アルバム『ドリーム銀座』
2019年	EP～ドリーム銀座外伝～『夢一座』※配信限定

バトル略歴

2014年	UMB 2014 神奈川予選 優勝
2014年	戦極MCBATTLE 第8章　新春2DAYS SP GAME 優勝
2015年	KING OF KINGS 2015 FINAL ベスト8
2017年	THE 罵倒 2017 GRAND CHAMPIONSHIP ベスト16

名古屋発 モンスターが成すべき次の道 呂布カルマ

独特のスタイルでバトルモンスターとしての地位を確立

名古屋発。いわゆるヘッズとは一線を画す特異なファッションに身を包み今や誰もが〝敵わない〟と認めるバトルMC。呂布カルマしかして、その本性はヒップホップをこよなく愛する〝ミュージシャン〟だった。その本意を聞いた。

ひたすらマイペースに漠然と目的もない暇つぶしのラップ

大学生の頃にヒップホップがすごい流行った時期があって、それをずっとリスナーとして聴いていて。大学を卒業して、フリーターになったんですけど、そのあたりから自分でもやるようになったっていう感じですね。

僕は『妄走族』とか、ちょうど大学生の頃に『RIP SLYME』とか『KICK THE CAN CREW』とか『餓鬼レンジャー』とかを聴いてました。あと、地元が名古屋だったんで

『名港サイファー』は現存する日本最古のサイファー

TOKONA-Xがいたグループの『M.O.S.A.D.』とかを聴いてたっすね。

大学生の時はクラブに見に行ったりするほどじゃなくて、CDで聴いてたって感じっすね。当時『BLAST』っていう雑誌があったんで、それを買って熱心に読む。ほんとヘッズっていう感じです。

僕、漫画家にずっとなりたいと小さい時から思ってたんで。ちょっとでも漫画のためになりそうな大学に行くつもりだったし、それに勉強しなくても行けそうな学校というと芸大ぐらいだったんですよ。

なんか、バンドブームで、僕の周りってみんなバンドやってたんですよ。ライブに誘われたら行ってましたけど、全然ハマらなくて。でも、ヒップホップは聴きはじめたら、速攻で自分でもやってみたい欲みたいなのが出てきて、韻を踏んだりするのが面白くて。暇つぶしでデモテープみたいなのを大学生の時に作ったことがあったんすよね。

それを一回ダースレイダーに送ったことがありました。『ダメレコ』（Da.Me.Records）がちょうど流行ってたんすよ。そしたらダースレイダーから返事が来て、ライブをやった方がいいよ、ラッパーとしての体力はライブで培われるから、ライブをやりなさいみたいなメールが返ってきて。ライブとか全く考えてなくて、それはそこで終わってたんですけど。

学生時代は授業中にライムを書いたりとかしてました。デモテープもワンループのビートの上で、書きとめた16小節を何回かやってみて、もうそれで満足みたいな感じでした。ほぼその程度で、しっかり曲を作ってみたいなことはなかったっすね。今考えるとよくそんなの送ったなって思いますよ（笑）。

デビューは、何かのフライヤーに新人募集みたいなのがあって、そういうのに電話して深夜に1曲歌わせてもらう、みたいなところからですね。

大学を卒業した1年目からライブを

はじめたんすけど、マイク握ったからといってラップのプロになろうとか思ってなかったですね。漠然と目的もなくフリーターをやってたという感じです。最初からラップのノリは今みたいな感じだったと思います。

ヒップホップに関しては、大学の4年間にたくさん聴き込んでました。クラブで遊ぶようになってからも、その時期の日本語ラップを俺以上に聴いてた奴いねえだろ、ぐらいに熱心に聴いてたと思います。特定の誰かっていうことはないっすけど、２０００年前後の日本語ラップに凄く影響を受けてるとは思います。

僕がラップをはじめたのが22歳くらいで、その3年後ぐらいに『ＵＭＢ』が流行りはじめたんですよ。今でこそフリースタイルやる人と音源作る人と結構別れてると思うんですけど、当時は結構ごっちゃでした。みんながやってたし、それこそ漢さんとか、般若さんとかがやってた。みんな通る道という感じでした。特に『ＭＳＣ』とかは、そういうところから出てきた感じだったすね。名古屋でもやっぱりそういうのがあって。僕もそれでフリースタイルはじめました。

サイファーが、名古屋にもあったんですよ。今も名古屋港にあるんすけど。『名港レコーディングス』っていう人たちがいて、その人たちが港で『名港サイファー』っていうのを月に1回やってるんですよ。たぶん、現存する日本最古のサイファーだと思いますよ。梅田とか、渋谷とかよりも古いと思いますね。『渋谷サイファー』とかはもしかしたらあったかもしれないですけど、もうないじゃないですか? 今残ってるっていう意味では一番古いと思います。

今でもたまに顔出します。若い子ばっかりなんで、僕が行くと、ビシッてなっちゃうんですよね。ちょっとやりづらいから最近は行って呑むだけですけど。でも、最初の頃は散々そこで鍛えてましたね。

名古屋、東海でやってる『ＵＭＢ』のチャンピオンになるような愛知、岐阜、三重の奴らは、みんなそこに行ってました。

僕がサイファーをやってた当時っていうのは、路上のサイファーで顔売って、そっからイベントに出てっていうステップの入り口だったんですけど、今の若い子たちは結構サイファーで完結してるんですよ。サイファーの中でやって、クラブでマイクを握りたいとかいう方向にいかない子がほとんどです。高校生とかが多いっていうのもあるんですけど、曲を作りたいとかじゃなくて、本当にフリースタイルをやりたいだけみたいなのは多いすね。マイク握るのはＭＣバトルの時だけ。普段はマイク握らずに路上でやってるだけなんで、いざクラブに行くとマイクの使い方わかんないみたいな奴がほとんどだと思います。

僕がＭＣバトルに参加したのは『ＵＭＢ』3年目からですね。特に凄い見に行ってたっていうわけでもなく、1回だけ見て、これならできそうと思って出はじめた感じっすね。その当時って名古屋でしかやってないようなバトルがいっぱいあったんすよ。

　友達がいっぱい出てたし、下で見てるとやれそうな気がするじゃないですか。最初は学祭の出し物としてやってたイベントに出て。それから何ヶ月に一度くらいの感じで出るようになりましたね。

　僕はライブをずっとやってたんで、ライブと曲作りが軸にあって、バトルがあるとたまに出る。その頃はバトルの経験も少ないし、バトルがあるっていうと半月前くらいからバトルのモードに気持ちを持っていって、バトルやって。で、優勝しない限りは絶対負けるじゃないですか。それで、その負けを半月くらい引きずってみたいな時期が1年くらいありました。それは割に合わんのですよ。そういうことをやってるとその間曲も作れないし、そういうバトルをやっててもしょうがないなと思って、もっとラフにその場のノリでやって、負けてもその日のうちに負けたか――みたいな感じにするようにしてました。それからはストレスなくやれるようになったっすね。ラフに臨むようにしてからの方が調子いいっす。

　昔から、口喧嘩はめちゃくちゃ強かったんすよ。口がうまいかどうかっていうのは圧倒的に大事だと思います。親にも「屁理屈言うな」みたいなのをずっと言われてきた感じなんで、元々そういうバトルに強い素養はあったのかもしれないです。だから韻を踏まなくていいし、最低限メロディーにのって、リズムにのって相手がいう矛盾点を突いてやったりとか、面白くとんち利かせて返してやれば、別に韻なんか踏まなくても勝てるっていうのは早い段階で気づいてました。

　でも、僕の本分はバトルじゃないから、ライブだったり曲を作ったりっていう方なんです。バトルで勝っても負けても、別にいいわっていう感じでやってたら勝ちはじめたんですよ。正直ラップは曲を作っていく過程で上手くなっていったと思ってます。頭の中でフリースタイルして、言葉を考えて意味を調べてみたりしての繰り返しで上手くなっていったんだと思うんすよ。

　最近は、ちょっと変わってきたっすけど、当時は県外のバトルに出る時は、ライブとセットじゃないと行かないって決めてましたからね。今はライブも数増えたし、バトル自体でファイトマネーをもらってるんで、まあバトルだけでもちゃんとお金をもらえるなら行くって感じですね。

　正直、バトルにそんなに執着がないから逆に続けられるし、楽しんでできるし、やめる必要もないんですよね。今となっては『フリースタイルダンジョン』出たりとか、去年『ＫＩＮＧ ＯＦ ＫＩＮＧＳ』獲ったりとか、自分も立役者の一人になってるっていう自覚はあるので、恩返しとまで言ったらあれですけど、前ほど「どうでもええわ」とは思ってないです。

　自分がちゃんと音楽で食えるようになったのが30を超えてからなんで、とにかくゆっくりひたすら地道にやってきたから、バトルのどの大会から転機

バトルで一番強い奴が音源も一番いいことを示したい

みたいなのもないですね。だから、バトルでしか名前を見ないような奴が僕に偉そうなことを言ってきても、まったく効かないんすよ（笑）。同じ土俵でさえないですから。

名前の由来は、『三国志』っすね。大学ではじめた時から呂布カルマなんすよ。ちょうどそのタイミングで『三国志』の漫画を読んでて、王欣太の『蒼天航路』という漫画です。それで呂布が超強かったんで、名前をもらったんです。カルマはほんと語感っすね。でも、ほんと若気の至りというか、恥ずかしい名前だなー、って今となっちゃ思うんですけど。特にすごい『三国志』マニアってわけではないんすよ。たまにマニアックな話振られてもわかんないすね。

でも『フリースタイルダンジョン』は楽しいです。自分のために出るバトルは飽きてたんで、『ダンジョン』になるとチームで、誰かのために戦う感じなんでいいんですよ。ラスボスを出させないために戦うというのは、違うモチベーションがもらえて面白いですね。

今、一番成し遂げたいことは、ヒット曲を出すことです。ここ何年かバトルブームはずっとあるし、ヒップホップっていうフォーマット自体はすごく浸透してきたと思うんすけど、これっていうヒット曲って最近は1曲もない。誰でも知ってるラップの曲って今ないじゃないですか？

10年後に聴いて、好きでも嫌いでもないけど、その年代の奴だったら全員口ずさめるみたいな。ポップである必要は全然ないんですけど、ヒップホップといえばこれだよねみたいなのはない。レゲエっすけど、三木道山の「Life time Respect」とか、ああいう曲です。

僕は、バトルシーンで現役では一番強いと思ってるんで、バトルMCの音源誰ってなったら、僕の名前が今一番に出ないとおかしいわけで。バトル出てなくてバトル出てる奴をディスる奴

をなめさせないというか、なめたこと言わせないような曲を作らないとな、っていう風に思っています。実際ダサいんすよ。バトルで名前出てる奴らの音源って、ほぼダサい。

そういう認知も変えたいと思ってるし、音源とかライブはダサいくせにバトルでだけ勝てるMCってやっぱりいて、そういう風潮もやっぱり変えたい。

今の若い子たちは、技術的にはうまくなってるとは思うんですけど、脅威には全然思ってないですね。すげーうまい誰かをすごく研究して、同じようにできるようになってる奴はたくさんいるんですけど。でも僕にとってそれは別に、カラオケに見えて、それをスキルだという風には全然思わないんすよ。そいつの音源聴きたいっていう風にはならないし。むしろマイナスプロモーションでしょ、っていう風にしか思わないですね。それよりは粗削りでも変なこと言ってんな、とか「そんなノリ方見たことないわ」みたいな奴の方が面白いし、先もあると思いますけどね。

呂布カルマ DATA

名前	呂布カルマ
生年月日	1983年1月7日
レペゼン	名古屋
所属レーベル	『JET CITY PEOPLE』

PROFILE

名古屋発のモンスターラッパー。漫画家を志していたが、その息抜きでやっていたラップに目覚め、数々のMCBATTLEに勝利。韻を踏むことに重点を置かない独自の説得力で勝つ。『戦極MCBATTLE』『KOK』他多くのMCバトルで優勝。主宰するレーベル『JET CITY PEOPLE』からコンスタントに音源も発売。『フリースタイルダンジョン』2代目、3代目モンスター。

音源略歴

2009年	アルバム『13 shit』
2010年	アルバム『四次元HIP-HOP』
2011年	アルバム『STRONG』
2014年	アルバム『The Cool Core』
2016年	アルバム『A New Misunderstanding』
2018年	アルバム『SUPERSALT』
2019年	配信限定シングル『真っ青』
2019年	EP『フリースタイルダンジョン 2代目 THE EP』

バトル略歴

2015年	戦極MCBATTLE 第12章　優勝
2015年	THE 罵倒 2015 GRAND CHAMPIONSHIP 優勝
2015年	SPOT LIGHT 2015 優勝
2016年	戦極MCBATTLE 第14章×As ONE 優勝
2016年	UMB 2016 本戦 準優勝
2018年	SPOT LIGHT 2018 優勝
2018年	KING OF KINGS 2018 FINAL 優勝
2019年	ADRENALINE 2019 優勝

孤独で陰鬱な問題児から ハードコアラップの世界へ

10代からMCバトルで勝ち続けるモンスターラッパー

輪入道

MCバトル9大会制覇、2代目モンスター
長渕剛富士山10万人ライブへの参加
バトルMCとして多くの逸話を
つくり続けてきた男は
いかなる人生を送ってきたのか
その半生を聞いた。

孤独な読書少年 早い性への目覚め

僕は千葉の検見川浜ってところで育ったんですけど、普通の埋立地の何もないような街の住宅街で育ちました。小学校の頃からバスケをやってはいたんですけど、友達づきあいというのがとても苦手でした。でも、負けるのも嫌でっていうような、あんまり友達もいないようなタイプでしたね。

なんか着てる服が毎日同じトレーナーやジャージだったりとか、あんまりコミュニケーションも上手じゃないし、本ばっかり読んでいるような感じでした。小学校の時は、授業中も休み時間もずっと本を読んでいるようなタイプでしたね。江戸川乱歩の少年探偵団シリーズとか、凄い読みましたね。なんか割とヒーローとかよりもヒールが好きみたいな、ウルトラマンよりも怪獣の方が好きみたいなところがありましたね。ウルトラマンシ

エロ本を万引きして先生に体罰を食らった少年時代

リーズってたまに社会問題や人間関係について結構深くえぐってる回があって、そういうのは子供ながらに渋いなと思いながら見てました。

親はどちらかというと過保護なタイプというか、教育に力を入れている真面目で神経質な人でしたね。

それに反発してなのかわからないんですけど、小学校3年生の時の担任が体育会系の先生で、その先生にみんなの前でビンタとかされたのは結構覚えてますね。あざになるくらいつねられたのもその先生が最初で最後だったと思います。

僕は性に対する目覚めが結構早くて、小2くらいからコンビニのエロ本を立ち読みしてたんすよ。で、そういうのを見つけた中学生とかが「お前、こんなの読んじゃダメだよ」とか言ってくるんすけど、「ウゼーな」とか思ってて。でも、読みたいじゃないですか。

それである時、それを服に入れて万引きしちゃったんですよ。それがバレなくて。それで味をしめちゃって常習みたいになってましたね。家には持って帰れないから、近所の雑木林の茂みに隠してたんですけど。

でも、流石にそれがバレて、親と一緒に店長のところに謝りに行ってっていうことがあって。他にも喧嘩で問題になったりとかもあったんで、そのせいでクラス2組しかないのに3組っていう僕だけの組をつくられたことがありました。特に寂しいってこともなかったけど、自分しかいない教室で床のタイルの模様をひたすら眺めながら時間がたつのを待ってるのは暇だったし、無駄な時間だなって。

その仕返しのために、日直の時に使ったりする黒板につけてある全員分の名前が書いてあるマグネットがあるじゃないですか。あれを全部学校の中庭にあった池に捨てたんですよ。全員殺してやりたいとか一丁前に思ってたんですよね、でも実行する勇気はないから物にあたって。

そういう経緯があって、担任の先生から親への勧めがあって、児童相談所に行くことになったんですよ。それでカウンセリングを受けたりして。そのカウンセラーの先生は、今でも親と連絡をとったりとかしてて。いいカウンセラーの方なんですけど。

要はその頃からそんな感じだと、他の子からすると何なんだあいつは、みた

孤独な読書少年の学生時代。

いになるじゃないですか。別にいわゆる徒党を組む不良とかでは全然ないんだけど、席替えになったりすると隣の女の子が泣きはじめたりするような、ちょっとヤバい奴でしたね。しかもそれをかばってくれた友達が結果的には自分のスタンドプレーだったってことで全員の前で謝らされたりして。

そうなると、ちょっとやんちゃなグループから目をつけられたりするんですよ。で、ある時、そのアタマみたいな奴が、廊下でちょっかいかけてきたから、やり返してやろうと思って、胸ぐら思いっきり掴んで壁に押しつけて「もう俺にちょっかい出すのやめろ」的なことを言ったんですよね。そしたら、そこからそいつだけはちょっと一目置く感じになったんですよ。まだ、小5くらいの話ですけど。

だから、僕は本当に友達がいない本だけ読んでるオタクっぽいタイプでしたね。『路傍の石』っていう山本有三の小説が一番好きでした。明治時代の話で、呉服屋に奉公に出されてひどい目に遭う少年の話なんですけど。その状況というか、そんな物凄く貧乏とかではないんですけど、扱われた処遇がなんか妙に自分とマッチするように感じて読んでましたね。あと、山田詠美さんの作品のちょっと猥雑な世界観とかも好きで、小説の中にラッパーが出てくるんですよ。なんか日本人の女の子がニューヨークに行って、向こうの黒人の男と同棲して、みたいなくだりがあって。その中でラッパーが出てくるんですよね。その時にラッパーという職業があることを知って。自分の中ではラッパーっていうとポールダンサーに近いイメージというか、夜のバーレスクみたいなイメージでしたね。

中学に入っても、部活は小学校と同じバスケをやってたんですけど、相変わらず陰鬱な読書少年て感じで周りはとらえてたと思いますね。劇的に状況が変わることはなかったです。うまくいかねえなとか悩んでみたりしちゃって。

ただ、エロの方はどんどん発達してってましたね。小2からの欲求不満が、その後の初体験で爆発しちゃうんですよ。

同時に、音楽の趣味もだんだん広がっていって。ずっと保健室登校の奴がいて。そいつが面白いってなって会いに行って。そしたら保健室で若い女の先生の目を盗んでずっと『ふたりエッチ』を読んでるような奴だったんすよ。こいつ面白れーなってなって、仲良くなりました。

そいつが凄い洋楽ヲタクみたいな奴だったんです。『ニルヴァーナ』とか『ガンズ・アンド・ローゼズ』とかロック系のCDをバサッと貸してくれるようになって。それが中2くらいの時かな。元々TSUTAYAとかでCD借りてMDに落として聴いたりとかしてたんですけど、J-POPはどうも刺さらないというか。歌詞カード見ながら聴くタイプだったんですけど、その言葉とか見ても綺麗だけど面白くねーなっていうのがあって。だから、『ニルヴァーナ』の和訳された歌詞とか読んでると、すげーじゃんみたいになった。邦楽だとそいつは『ナンバーガール』とか聴いてたから、それも貸してもらって、すげーなみたいになって。

あと、そいつと別でバスケ部で一緒だった奴がいたんすよ。そいつは埼玉の越谷から来てる母子家庭の奴で。うちの学校は母子家庭の奴ってそんなにいなくて、私立の中高一貫だったし。どっちかっていうとタチの悪いボンボンみたいのが多い中で、そいつとは気があって。そいつがヒップホップを教えてくれたんですよ。

　そいつに般若さんの『おはよう日本』のCDを貸してもらって、そこからDABOさんとかも聴くようになっていった感じですね。他のチャラいヒップホップと違って、僕の原体験である山田詠美の世界と合致するようなラッパーが日本にもたくさんいるんだって知ってハマっちゃったんですよね。

　そこからどんどん夢中になって音楽の世界にのめりこんでいくんですよ。高校2年生の冬にバンドをやってる友達が「日本語ラップとか好きな先輩がいるから、一緒にイベント行ってきなよ」って話になって、はじめてイベントに行ったんですよ。ダンスイベントだったんですけど。そこで話しかけたりして、友達になってイベントに行くようになりました。

　2回目に行った千葉の栄町って場所のイベントで、ラッパーのショーケースがちゃんとあるイベントだったんですよ。ラッパーってこんなにいるんだってことをその時はじめて体感して。その日一番凄いなって思った人に声をかけたんすよ。その人は東京のアンセルって人だったんですけど。その人に弟子入りみたいなテンションで「ついていきたいです!」みたいなことを言ったんですよね。

　アンセルさんも集客しなきゃいけないみたいなのもあって、イベント誘ってくれるようになったんですよ。はじめてのMCバトルもその人に誘われた八王子のバトルでした。

　それで、高校時代はどっぷりヒップホップ漬けだったかというとそうでもなくて。さっき言ってたエロの方も爆発してるんです。とにかく一回〝刀〟を振りたくて、欲求も凄いから誰でもいいから足がつかないところでヤリたいっていう、姑息な考えがあって。

数々のMCバトルに優勝。

小説の中の登場人物として“ラッパー”を知る

当時よく使ってた趣味の掲示板で知り合った子が山形の子で、わざわざ夏休みにお金貯めて会いに行って初体験をしましたね。その子の実家でお母さんと妹さんに晩御飯をご馳走になって、翌朝シーツに血がついてるのを妹さんに指摘されて、朝食の食卓が無言になっちゃうんです。そこで目覚めて地元に帰ってきてからはヤリまくってました。自分の高校だと恥ずかしいから、他校の子とかに行く感じでしたね。恋愛もなくはなかったんですけど、もう欲求が強すぎて当時は何かとヤリまくってましたね。一本釣りじゃなくて地引き網を仕掛けて、引っかかればなんでもいいみたいな感じでした。

だから、高校はずっとヒップホップとセックスって感じでした。ラップはもうフリースタイルしかやったことがなくて、はじめてのライブの時に曲を書こうと思ってたんですよ。そうじゃないと失礼じゃないかなと思ってて。でも、1回目のライブの時に間に合わなくて。その時にはすでにフリースタイルを友達とやったりとか、オープンマイクやってるところに参加したりとかはあったんで、じゃあフリースタイルでやっちゃおうと。

当時もう『UMB』とかも流行りはじめてたんで、フロアでフリースタイルやってるような人たちも多くて、割と自然にそうなった感じなんですよね。

だから、そのままずっとフリースタイルでライブ活動をしてたんですよ。最初のステージが高校3年生の3月かな。もうその時には輪入道って名前でやってましたね。

『キングギドラ』を教えてくれたさいとーって地元の奴がいるんですけど、そいつはガチのアニヲタで。そいつの家で仲良かったもう1人と3人でヒップホップを聴いてよく遊んでたんですけど、ライブをやるから名前を決めなきゃいけないって話になって。俺、子供の頃から水木しげるの妖怪が大好きなんです。水木しげるの漫画も落伍者とかいろんな大人が出てくるじゃないですか。だから、そういうものに対する耐性みたいなのがあったから、妖怪の名前だったらかっこいいし、被らなそうだからいいんじゃないかなっていうので輪入道にしたんですよ。

かなり長い間、フリースタイルでライブをやってました。逆にフリースタイルだけで全部やれる奴っていんの？って いう感じでやってたんすよ。バトルに関しては、その八王子のイベントではじめて出た次の2回目に千葉の『BELT』っていうクラブでやってる『REPRESENT』っていうバトルに出たんです。それの賞金が20万円だったんですけど、優勝できたんですよ。その決勝戦の相手がTKさん（TKda黒ぶち）だったりして。それで一気に名を上げた感じはありましたね。まだYouTubeにバト

17才2回目のバトルでTKda黒ぶちに勝ってMCバトル優勝

ル動画がほとんど上がらないような時代に、そのバトルの動画がアップされたのもデカかったかもしれません。

まだはじめて3～4ヶ月だったんですけど、それで味をしめて、学校も行かなくなっちゃって。このままだと退学だって学校側に言われてた矢先にこの合宿に参加すれば卒業させてやるっていう夢のようなカリキュラムがあったんですけど、その日程とさっき話した千葉のバトルの決勝戦の日程がドン被りだったんですよ。友達は全員合宿に参加しろって言ってて。でもバトルを選んだから退学ってことになったんですよね。

退学するのは高校3年生の10月ってことになってたんですけど、11月に文化祭があるんですよ。その文化祭でどうしてもやりたくて、そこまで延ばしてくれって頼み込んでやらせてもらえることになって。その時、文化祭の特典として、軽音部とかいろいろ出てる中で、一番得票数が多かった人が閉会式で全校生徒の前で演奏できるっていうのがあって。

僕はぶっちぎりで一番だったんですけど、ヒップホップだったからっていうのもあったし、その日付けで僕が退学ってのもあって、ダメになっちゃう。代わりに2位が繰り上げでやることになったんすよ。

それで2位のバンドの演奏が終わって、最後に校長先生の挨拶があるんですけど、その時に周りの奴に「もうやめちゃうんだから行っちゃえよ」みたいなことを言われて、行っちゃったんですよ。みんなわーっと前につめかけて。それを見た体育教師とかがブチ切れて「もう全員教室に戻れ!」みたいになって。本当は一緒に止めなきゃいけない実行委員会の奴も体育教師を止めてました。

音も止められて、電気も消されたけどアカペラでやりましたね。それを最後に退学になりました。

ちょうどその時くらいに、母親が家に帰ってこなくなったんです。夜中にいつもこっそり出かけて行って朝方になると帰ってきてるの知ってたんで、まったく帰ってこなくなった時もそこまで驚きはしなかったんですけど。外で会いたい人がいたんですよね。しかも、僕や親父や妹には会わせられないような。

母親は根が真面目な人だから、そんな自分が許せなくてぶっ壊れたみたいで。それで「自殺する」とか言って「これから青木ヶ原樹海に行く」って女友達にメール打ったっきり音信不通になっちゃったんですよ。それで、電車の中で錯乱してるところを警察に保護されて。連絡を受けて会いに行ったんですけど、僕の事見ても誰だかわかってなくて。心の病気になってしまって、自分の家族や親兄弟の写真を見ても「誰?」みたいになっちゃってたんですよね。

それを僕は当時フリースタイルで言

いまくってましたね。「母ちゃんの話」っていうことでネタにして。ライブ中にテンションが乗らなかったり、流れが煮詰まったりしてきたときに、それを思い出すだけで無限に言いたいことが出てくるんですよ。都合がいい風に使っちゃってて、ある日それが母親にバレて。その時は彼女の病気の方もだいぶよくなってたんですけど「二度と私のことをラップのネタにするな」みたいな内容で超強い文面のメールが来たんです。

でも、僕は僕で裏切られたみたいな気持ちだったから、めちゃくちゃ強い言葉でメール打ち返して、そんなやり取りを何往復かしましたね。自分の力でどうすることもできない事情で家族が壊れていくのが嫌だったし、こういうのがヒップホップなら、ヒップホップなんて大嫌いだって思いました。

その後『B BOY PARK』のU-20が2009年にあって。その年は身分証を忘れて出られなかったんですけど、翌年は、その時の優勝者に負けてベスト4でしたね。

バトルは、最初はいきなり優勝できましたけど、その後1回戦負けとかも全然してて。なんで負けたのか考えるよりもこの負けにはどういう意味があるんだろうみたいなことばっかり考えちゃってたんで、負けがこんでた時期は相当負けました。でも2014年くらいに9大会制覇があって、その年はかなり勝った感じがしたのを覚えてます。その年の最後が『UMB』の本戦で、これ獲ってお終いだって感じだったんですけど、そこは一回戦で負けたんですよ。

音源も、2013年にはじめて出したんですけど、出したあともずっと継続してフリースタイルでライブをやってました。2015年にやっと即興に混ぜて持ち曲を1曲くらいやるようになって、フリースタイルをやめて普通にライブをやるようになったのは、本当に最近の2017年くらいからですかね。まぁ、覚えられないかもしれないっていうのもあったし、目新しさもあるし。他にそういう方法でやってる人もほとんどいなかったんでやってた感じですね。

今は音楽一本でやってるんですけど、昔は出会い系のサクラとか出版社の補助とかいろんなバイトもやってました。テキヤの仕事が一番続きましたね、体質的にあってたんですかね。鬼一家ってクルーが主宰してた『赤落プロダクション』っていうレーベルに所属してた時期があるんですけど、その周りの人が、そういう仕事を紹介してくれたんですよ。他にもいろんな知らなくてもいいことをその時期に知って、当時は結構人生回り道してる時期でしたね。今はもう全然そういうのはないんですけど。

結構いろんなところのお祭りに行ってお店出すんで楽しかったですね。家族経営でやってて、バイトで自分が入ってる感じですね。そういう仕事ってちょっとカタギじゃない感じっていうか、語気が強い感じになっちゃって、いわゆる怒られ慣れしてない若い子は続かなかったりするんですけど、僕にはちょうどいいし、時間の融通もつきやすかったんで、やりやすかったですね。

今は自分のレーベル立ち上げてそれ一

本でやってる感じです。もうみんなメジャー行ってどうするみたいな時代じゃないんじゃないですかね。個人でやってる人が多いような気がします。メジャーへの憧れももちろんあったんですけど、最近なくなりましたね。本当の飾らない自分を全部出したら、到底メジャーでなんて扱ってもらえないってことが身にしみてわかってきたんです。ある意味、腹も決まったと思います。

反響っていう意味では長渕剛さんの『長渕炎陣』って番組に出たときが賛否両論合わせて凄まじかったんですけど『ダンジョン』に出演して漢さんと戦った時が一番凄かったですね。放送直後は街を歩くと、キャッチが全員ぐらいの勢いで声をかけてきて驚きました。内容的にも漢さんのコンプラのリミッターを外したみたいな扱い方をしてもらったんで、話題性も高かったのかもしれないです。

2代目モンスターになってからも反響はありましたけど、正直一番最初に出たときのインパクトは越えられなかったかもしれないですね。

普通のバトルと違って『ダンジョン』はあの幕が上がった所からが戦いみたいなところがあって。最初にコメントがあって、相手が出てくるのを待って相手のコメントもあって、審査員もコメントしてみたいなインターバルがかなりあったりするんで、それまで出てた平場のバトルのセオリーにはないことがいっぱいあったんですよ。なかなかテンションを保ちにくいというのはありましたね。そこの溝を埋めるために、どうすればいいかを初代モンスターたち何人かに相談したこともありました。相談した人全員から、もっと仲間を信じたほうがいいという内容のアドバイスをもらって、それまで以上に、ほかの2代目モンスターとの共闘意識が強まったのを覚えてますね。

まぁ、でも3代目を決めるトーナメントはマジで熱くなったというか。想いがないわけがないでしょってくらいありましたね。キツいことやらせるなぁって感じでしたね、正直。pekoくんはもうバトル引退するとか言うし、裂固のことも泣かせちゃったし、もう負けられないでしょっていう雰囲気はすべての場面でありました。最後の相手がTKさんっていうのは、因縁のっていう意味でも凄い心に残ってますね。

バトルも9大会制覇してモンスターにもなったけど、結局は今がどうかっていうことだと僕は思ってるんで。今、何か自分が自分であるということを証明できるものをやりたいなっていうのはありますね。他のフィールドに出ていったときに、色が薄れてラッパーもどきになっちゃったら意味がないんで、確かな証明がしたいって思いは強くあります。わかってできてない自分に対するジレンマもありますが。

ヒップホップが存在してくれたおかげで、僕の人生は間違いなく好転しました。でも同時に、出会わなくていいものや人に出会ってしまった側面もあると思うんですよ。出会ってなかったらどうだったかなんていうのはわからないですけど、今こうしてここに出られること自体が僕にとってのヒップホップなのかなと思いますね。

輪入道 DATA

名前	輪入道
生年月日	1990年生まれ
レペゼン	千葉
所属レーベル	『GARAGE MUSIC JAPAN』

PROFILE

弱冠17歳でラップをはじめて４ヶ月でTKda黒ぶちを倒して『REPRESENT MC BATTLE』に優勝。賞金20万円を手にする。多くのショーケースのすべてにフリースタイルで出演するというオリジナルのスタイルを確立。2014年に『罵倒』をはじめとするMCバトル９大会制覇を達成。BSフジの長渕剛の討論番組『長渕炎陣』に出演。『フリースタイルダンジョン』２代目モンスター。『GARAGE MUSIC JAPAN』主宰。

音源略歴

2013年	アルバム『片割れ』
2017年	アルバム『左回りの時計』
2017年	アナログレコード『徳之島』
2018年	MIX CD『走馬灯』
2018年	DVD『輪入道PRESENTS 第1回 暴道祭』
2019年	アルバム『HAPPY BIRTHDAY』
2019年	客演集『助太刀』

バトル略歴

2007年	REPRESENT MC BATTLE 2007 優勝
2012年	BACHIBACHI MC BATTLE vol.1 優勝
2012年	THE 罵倒 2012 GRAND CHAMPIONSHIP 準優勝
2013年	THE 罵倒 2013 GRAND CHAMPIONSHIP 準優勝
2014年	Warugaki☆G.P～mc battle～vol.13 優勝
2014年	核MIX × THE 罵倒 -優勝賞金20万円争奪 東京NO.1 決定戦- MC BATTLE 優勝
2014年	BACHIBACHI MC BATTLE vol.4 優勝
2014年	B BOY PARK MC バトル 優勝
2014年	Monster Hunter vol.1（Monster:輪入道）優勝
2014年	鏖 -MINAGOROSHI- MC BATTLE vol.5 優勝
2014年	THE 罵倒 2014 GRAND CHAMPIONSHIP 優勝
2014年	UMB 2014 千葉予選 優勝
2016年	ADRENALINE MC BATTLE 2016 優勝
2016年	PRIDE MC BATTLE vol.4 優勝
2016年	THE 罵倒 2016 GRAND CHAMPIONSHIP 優勝
2016年	KING OF KINGS 2016 FINAL 準優勝
2018年	THE 罵倒 2018 GRAND CHAMPIONSHIP 優勝

高速のフロウと着実な対話でバトルモンスターたちを打ち負かし、
数々のMCバトルに勝利してきたTKda黒ぶち。
その意外な生い立ちと知性に裏打ちされたヒップホップ愛を聞いた。

黒ぶち眼鏡の次世代型ラッパーの視点

『Disらないで勝つ』を目指す
3代目モンスター
TKda黒ぶち

小学生の頃に親の財布から金を盗んで家出

物心ついたときからほぼ母子家庭だったんですよ。父親の記憶はうっすらあるくらいで。母親はのちに仕事で成り上がって、姉も俺も大学まで行かせてくれたんですけど、小学生の頃はものすごい貧乏でした。母親に殺されかけたというか「あんたを殺して私も死ぬ」みたいなこともありました。姉もやさぐれて、マンションの4階から飛び降りようとしたり。生活の苦しさもあったし、母親も荒れていた時期で、そのしわ寄せが子供たちにきてたところもあったと思いますね。

嫌になって、小学生の頃はプチ家出もしてました。親の財布からお金を盗んだことも度々で、友達にお菓子を買ってあげて豪遊したりとか『スター・ウォーズ』のグッズをしこたま買ったりとか。そういう悪事は小学生の頃にはしてましたね。

ヒップホップを聴き出したのは中学2年のとき。今一緒にライブをやってるDJの相方が、当時からすごくヒップホップに詳しくて「カッコいいのがあるよ」って『人間発電所』とか『証言』を貸してくれて、その2曲を聴いて完璧に狂った感じですね。

そうやって日本のヒップホップからハマって好きになって、高1のときにラップをはじめるんですよね。高校のクラスメイトの兄ちゃんがラップをやっていて、「俺がラップ教えるよ」って教えてもらうことになって。韻を踏んだり、小節数とかフリースタイルのやり方とか。そこからラップを書き溜めるようになりました。

初ステージは15歳のときです。やってた野球も中途半端だったし、小学校の頃は母親のお金を盗んでたし、そのやましさみたいなものを引きずっていたところもあって、「俺の人生ダメだな」って思いがあったんです。そういうのが全部爆発して「ラッパーになりたい。絶対に自分の地位を確立してやる」と、春日部のクラブでステージデビューを果たした感じでした。

フリースタイルに出合うのは、その2、3ヶ月後ですかね。埼玉に『ドルネコマンション』っていうグループがいて、楽屋とかでフリースタイルでコミュニケーショ

母子家庭で荒れた少年時代を過ごす

ンをとって遊んでるのを見ていて、その時初めて教えてもらいました。

　そうそう、フリースタイルに没頭してる頃、渋谷の『CISCO』があった〝シスコ坂〟で何やら大勢が輪っかになってラップをしている光景を見たんです。何かと思ったら、ダースさん、鎮座DOPENESSさん、環ROYさんとかがいて。『ダメレコ』(DaMeRecords)のイベントで、太華さんがビートボックス打ってサイファーをしてたんです。噂には聞いてたけど、実際に見て「この人たちだ!」って。そこに交ざってフリースタイルでラップしたら、「君、フリースタイルやるんだ」って温かく迎え入れてくれて、「来週から毎週土曜日、ハチ公前でサイファーするよ」って言われて行くようになるんです。そこで、自分と同じような状況の奴らに会えて。すごく仲良くなって、交流の幅がドーンと広がったっすね。そこから、「俺ら、いつもあそこのバトルに出てるんだ」って話を聞いて、サイファーからバトルに参加していくって流れです。でもその頃は、バトルにそんなに前向きじゃなかったんですよ。言葉で罵り合うのはちょっと違うなと思っていて。

　でも、『B BOY PARK 2002』の決勝、MC漢さんと般若さんの試合の音声データを聴いて「俺も出てみよう」って思ったんです。当時そのバトルが凄かったから、音源が出回ってたんです。

　バトルっていうのは、お互いのヒップホップ的な生き様が交わって、価値観の交換をするものなんだっていう最高峰の試合をそこで知って。魂と魂のぶつかり合いに感化されて「これはとんでもねえぞ。MCバトルって素晴らしい」って胸を打たれました。それに自分は、父親がいない分、父性をヒップホップから教わった気がします。漢さん、般若さんからは、カッコイイ父親像みたいな男らしさを感じたんですよね。

　それで同い年のヤツだけを集めてMCバトルをやるイベントに誘われて、初バトルをしました。イベントのゲストが般若さんだったので、生で見てみたいっていうのもあったし。その日の夜は六本木の小箱でもバトルがあったので、初バトルにしてダブルヘッダーで(笑)。

　昼は1回戦負けでした。同い年でその日優勝したストリート系のバラガキってラッパーにボッコボコに負けて「やっぱり甘くねえなあ」って。その負けを引きずったまま夜も行ったんですが、慣れたのか、夜は準優勝だったんです。それで誇らしい気分になって。地獄と天国を一日で味わって味をしめたんですよ。

　3回目のバトルが『B BOY PARK 2005』。本戦に行けるのは16人だったけど、本戦まで行くことができて、結局ベスト8まで行きました。ベスト8の中に16歳のラッパーっていなかったから、界隈にいた人には名前が広がって、謎の注目を浴びていましたね。

　その頃には仲間ができて自宅にレコーディングスタジオを作ってるボロさんて先輩が松戸にいたんで、夜中に原付転がして朝まで録音するっていう馬鹿みたいなことをやってましたね。それで音源もつくって、ライブをやってました。

当時、俺が『B BOY PARK』のベスト8に入ったこともあって、地元の仲間も「俺もやってみたい」って感じでラップをやるようになって、春日部には15人ぐらいの『KSKB CREW(春日部クルー)』っていうのができてましたね。地元でライブをしたり、MCバトルを開催したりしました。『KSKB』では、昔あった『ロビンソン』っていうデパートの地下の入り口で、ラジカセかけて飲みながらサイファーみたいなこともよくしてましたね。土曜日は渋谷ハチ公前サイファーに行って、終電で帰ってきて『ロビ地下』で朝までサイファーって感じでした。

大学2年の時に変わった先生がいて、公民権運動とかブラックカルチャーに凄い詳しくていろいろ教えてくれたんですよ。それで、ヒップホップの精神面を知ることになって。要はキング牧師とかマルコムXとかアフリカ・バンバータの『ズールー・ネイション』とか、その存在の根本的意味を知っていくんですね。

そういう時に、アルゼンチンに旅行で行くことがあって、経由地でダラスに行くんですよ。その空港の喫煙所でタバコを吸ってたらドレッドヘアの黒人が来て、いかにもミュージシャンぽいなと思って「俺は日本でラップやってる」って片言で声をかけてみたんですよ。そしたら「俺もラッパーだよ。今から俺のスタジオでレコーディングしよう」っていきなり言われたんです。それが俺にとって凄い刺激的で、本場のラッパーの感覚ってこういう感じなんだって思ったんですよ。フィーリングですぐに行動する瞬発力というか。誰だか未だにわからないんですけど、そのノリがすげーよくて。それで余計にその文化的側面に興味を持ったんですよね。ヒップホップっていうのがマイナスの状況をプラスに変えるパワーがあるものなんだっていうのを深く知っていくタイミングでしたね。

そのあと、バイトでお金貯めて大学卒業のタイミングで本場ブルックリンにも行ったんですよ。でも、日本の比じゃないくらい治安が悪くて。「昨日中学生の子が撃たれて死んじゃったよ」とか当たり前にあるんです。だから有名ラッパーの出身地のゲットーとかも行きたかったけど「死んでもいいなら行ったら」くらいに宿の人に言われて、車で通過するくらいにしておきました。地元のラッパーとは街中でCD交換したり、フリースタイルしたりして、それなりに楽しみましたね。僕の泊まった宿の店主のコネクションの関係でレゲエのダブプレートをつくったりするのも、凄い刺激的な体験でしたね。そこから何年かに一回旅行に行くようになるんですよ。

帰ってきてフリーターになってずっとラップだけやって行こうと思ってたんですけど、実はサラリーマンになるんです。ちょうど、バトルも勝てなくなって迷走して

MC漢VS般若戦の録音を聴いて バトルに目覚めた

MCバトルはフィーチャリング作品

る時期に、地元の友達と飲んだんですよ。そしたら「上司が超ウザくてさー」って仕事の愚痴をすごい言ってて。それが俺のわかんない世界だったんです。友達にラップを届けたいのにその気持ちがわかんない。これがステージ上だったら、俺の言葉って全然説得力ねえだろうなって。それで就職活動をして、サラリーマンになることを決めたんです。

元々ハードコアなタイプじゃないし、自分のラッパーとしての立ち位置で考えても働きながらラップをやって、社会で働いてるような人にフォーカスして作品を作る方が説得力が出ると思ったんですね。バトルも、そのあたりから勝てるようにもなり、2012年にはじめて『UMB』本選に行くこともできたし、『罵倒』で優勝したりして、その年はめちゃくちゃ勝てる年でしたね。その賞金を元手にスタジオ作って、自分のレーベルもはじめたんですよ。

とにかく働いて、音源づくりとバトルをひたすらやってました。でも、昨年セカンドアルバムを作っている時に、ロンドンに行ったらまた色々考えちゃって、二足の草鞋生活にも限界を感じてサラリーマン生活もやめるんです。1年くらいはアルバムの売り上げ、ギャラと貯蓄から補完して生活してました。でも、そろそろヤバいかもなって時に『フリースタイルダンジョン』の3代目モンスターを決めるバトルの話が舞い込んできて。「これは人生最後のチャンスかもしれない」という気持ちで臨んで、勝って滑り込んで3代目になりました。

人間と人間のストーリーが交錯して生まれるものがMCバトルだから、そういうバトルをどうしたらできるのかいつも考えています。相手の弱点を突いてやるというよりは、どうしたらいい話しあいに持ち込めるかということですね。なので相手の作品を聞いてみたり、相手が普段どういうマインドなのかと調べてみたり。二人で良いフィーチャリング作品を作った先に勝利がある感じにしたいんですよね。

輪入道とは、長くやっているし、だんだんそんな感じになってきているとは思いますね。あいつがはじめて出たバトルの決勝の相手が俺だったり、この間の3代目決定戦の決勝もそうですし、よく因縁と言われますが、僕はむしろ良い縁だと思ってます。あいつはすごく見識が深いので、若干俺のところまで降りて来てくれて、対話型に持ち込んでくれるんです。不器用そうに見えて器用というか、意外にユーモアの方にも転べるし、コテンパンにする方にも行けるし。選択肢がある上で、対話型を選んで戦ってくれてると思うんですよね。

技術が進んで、AIでもラップができたなんて記事を見ると、ヒューマニズム、人間味っていうところがタイムレスな価値観なのかなとも感じていて。だからこそ、漢さんと般若さんの試合は絶対にあの2人でしか体現できなかったと思うし、永遠に残る理想像だと思います。自分もそれを体現したいし、勝手に2人のバトンを持ってるつもりでいるので、次の世代にリレーしていかないといけないと思っています。

TKda黒ぶち DATA

名前	TKda黒ぶち
生年月日	1988年3月29日
レペゼン	春日部
所属グループ	『パンチラインフェチズ』

PROFILE

埼玉県春日部市出身のナード系ラッパー。高速のフロウと知的な対話型のバトルが特徴。16歳にして『B BOY PARK』MCバトルでベスト8になり、話題となる。AbemaTVの『NEWS RAP JAPAN』ラポーターとして準レギュラー出演。『フリースタイルダンジョン』3代目モンスター。『TIMELESS EDITION Rec』主宰。

音源略歴

2015年	アルバム『LIFE IS ONE TIME,TODAY IS A GOOD DAY』
2018年	アルバム『Live in a dream!!』
2019年	EP『Good Morning EP』

バトル略歴

2005年	B BOY PARK MC バトル ベスト8
2012年	UMB埼玉予選・戦極MCBATTLE 第3章 優勝
2012年	THE 罵倒 2012 GRAND CHAMPIONSHIP 優勝
2012年	戦極MCBATTLE第4章 優勝
2013年	UMB 2013 埼玉予選 優勝
2014年	AsONE RAP TAG MATCH 優勝

ダラスの空港で出会ったラッパー。

2016年『UMB』優勝
数々の名勝負を生み出した群馬の雄の
知られざる素性を聞くべし

愚直に戦い続けて 手にした10年越しの『UMB』優勝

高崎ストリート発 名勝負製造MCのヒップホップ

NAIKA MC

剣道少年だけど 映画を何回も見る内向派

出身は群馬県の月夜野です。町に専門的なCDショップもないような田舎。もちろん、クラブもライブハウスもない。何もないって言った方がいいくらいですね。実家が車の販売と自動車整備の工場で、今僕も独立してやってるんですけど。

子供の頃は、とにかく引っ込み思案でした。でも、ひょうきん者でもあった。僕、AB型なので、多分二面性があるんです。人を笑わせることが大好きで、小学生とか中学生の頃は芸人になりたいと思ったこともあったくらい。でもいざ人前に立つと、一歩も動けなくなるタイプ。

部活は剣道をやっていました。剣道の経験は、MCバトルにも活きているかもしれません。団体戦もあるし、個人戦もあるし、個人戦はトーナメント式で、MCバトルと似てるんです。精神面も鍛えられるから、たとえ緊張しても、心のさざ波があまり立たなくなりました。

ゲームも好きでしたね。収集癖もあるし、オタク気質だったのかもしれないです。好きになったら同じ映画を何回も観て、セリフを全部覚えちゃうところもあった。『男はつらいよ』の寅さんが語る「わたくし、生まれも育ちも葛飾柴又」みたいな口上とか、『仁義なき戦い』の「枯れ木も山の賑わいじゃがのう」みたいなセリフとか覚えてみんなに披露してました。ちょっと変わってますけど、親父の影響で、子どもの頃から『仁義なき戦い』が好きなんです。名作も好きですよ。『インディ・ジョーンズ』とか『バック・トゥ・ザ・フューチャー』とか。あと『アダムス・ファミリー』がすごく好きで、1と2があるんですけど、両方とも何十回も繰り返し観ましたね。

他に好きだったのはお笑い。とんねるずをよく観てたかな。やっぱり好きなコントはまるまる暗記して、翌日友達に披露したりもしてました。一番好きなのは『仮面ノリダー』。漫才よりもパロディーとかコントが好きだったんです。偽物なんだけど、本物よりも笑えるみたいなところが面白くて。

『仁義なき戦い』のセリフを覚えて披露

口上とかパロディーは、ヒップホップにも共通していると思います。ヒップホップってしゃべりのアートじゃないですか。それに、楽器を使わずに、しゃべりでグルーヴ感を出すところは口上と似ている。

まあ、ヒップホップをはじめた理由を聞かれたら、「モテたかったから」って言いますけど。冴えない男だったんで。ラップやってる先輩とか、ローライダーの先輩は、みんないい女を連れてたんですよ。だから、ラップやったらモテるかな、みたいな。でも、その先輩たちは別に、ラップとかローライダーをやってたからモテたわけじゃなくて、ただイケメンだったんだなっていうのはあとから気付きました（笑）。僕は引っ込み思案なので、女の子が来てくれても最後のひと押しができないんですよ。仲良くはなれても、「つき合おうよ」って言えない。だから、あんまり得はしなかったですね。

世間からは不良だったって思われてるみたいなんですけど、そんなことないんですよ。ヒップホップっていうと、悪さ自慢みたいなところも結構あるんですけど、僕がやった悪いことっていえば、学生時代にタバコを吸って深夜徘徊してたくらい。別に真面目な奴でもなかったですけどね。暴走族の先輩も友達もいたけど、別に入らないよみたいな。基本的にロック、パンクキッズだったんですよ。

ヒップホップは、高校1年生の時に、高崎の『ユニオンマーケット』っていうカルチャーショップに行ったら、そこでドレッド頭のＤＪがヒップホップのレコードをかけていて、それに衝撃を受けて。ただ当時は、曲名も何もわからないんです。ＤＪにも怖くて声をかけられないから、周りの友達に「あれ何?」って聞いたら、「ラップっていう曲だよ」と。「ヒップホップ」っていう言葉すら、誰からも出てこないような環境でした。

友達はみんな、ハードコアとかパンクとか、そういう音楽を聴いていて、ヒップホップを教えてくれる人が周りにいなかった。だから適当に、これがいいですって推されているようなＣＤを5枚くらい買って。『空からの力』『人間発電所』ＹＯＵ ＴＨＥ ＲＯＣＫ★の『ＲＯＣＫ ＴＨＥ ＰＯＩＮＴ』とか。あと、ＥＣＤとＳＥＥＤＡ。

そんな音楽を買ってるのはクラスでも俺だけだろうな、と思ってたんですが、友達の中に一人だけ、姉ちゃんが録ったヒップホップのミックステープを持ってる奴がいたんです。そのテープを休み時間に聴いてたら、その中に入ってる『ＥＣＤのロンリーガール』って曲にどハマりして。そこから掘っていくようになって、ジャパニーズヒップホップにハマった感じですね。

高2の時にヒップホップのブームが来て、Ｂボーイって言葉が学校の中でも知られてくるようになって。その頃自分は、他よりもヒップホップを知ってるから、「あいつ、ちょっと詳しいらしいよ」みたいなことを言われるわけですよ。それで、みんなに負けないようにさらにＣＤをいっぱい買って、みんなが聴いたことないヒップホップのアーティストを引っ張ってきて。

高校を卒業したらクラブに行くように

DOTAMAと長く続く因縁のバトル

なって、そこで洋楽も聴くようになりました。2pacとか、ノートリアス・B.I.G.とか、Nasとかジェイ Zとか。それでもやっぱり、日本語ラップの方が好きでしたけどね。

人前に出て歌いたいって気持ちは、まったくなかったんですよ。でも、当時一緒に遊んでいたいわゆるB系のバカでかいサイズのヒップホップ系の服屋をやってる先輩とカラオケに行った時に、インストを使ってフリースタイルをしたら、思ったよりもウケて。当時は、フリースタイルっていう文化があることも知らず、適当にしゃべってるだけだったんですけど。それで、その服屋のパーティーがあるから、そこでラップしてみない？　って誘われたのが、本格的にラップをはじめたきっかけです。20歳、21歳くらいの時ですかね。

地元高崎には、『ハーフタイムプロダクション』っていう地元のラップのプロダクションがありましたね。George Tiger ONEていうラッパーがいて、今も活躍してます。僕の時は流行ってたんで、プレイヤーは結構いましたよ。あとは、ローライダーが、高崎は凄かったですね。アメ車、ローライダー、ビップが入り乱れてましたね。

当時の高崎は『ブラック　チャーチ』と『チコス』っていうクラブがありました。街にBボーイファッションが溢れてた頃ですね。僕は高崎に限らず、群馬県中のクラブとか、あと近隣の栃木とか埼玉とか、そういうところのクラブでもやって、次第に東京でライブをするようになっていきました。

バトルに関しては2002年の『B BOY PARK』のMCバトルの決勝のMC漢さん vs 般若さんの音源を友人に聴かせてもらって、「すげー、フリースタイルってこういう風に使えるんだ！」と気付いたわけです。

そして、2003年か2004年くらいに、本格的にMCバトルが地元でもはじまりました。小さい箱だったんですけど、そこで僕、いきなり準優勝したんです。その頃、DOTAMAにも出会いました。足利にあったライブハウスのMCバトルに二人ともエントリーしていたんですけど、すごく雰囲気が独特でした。シャツをインしてGT Hawkins履いて、リュック背負ってニット帽を被って眼鏡で。そんなオタ

“人生の時間割”に沿って着実にヒップホップしたい

クみたいな見た目の奴、クラブではじめて見たんですよ。でも、ぶっ飛ぶようなライブをやっていて、終わった後「君、すごかった!」って握手しに行ったら、めちゃくちゃ挙動不審になってました。

僕が準優勝した地元のMCバトルの優勝者・カルデラビスタは、そのあと2005年の『UMB』の初代チャンピオンになってるんですね。僕もその様子を見にはじめて東京の本戦を見に行ったんですけど、漢さんとかERONEさんとかめちゃくちゃカッコいいし面白いし、ものすごく感動して。それで余計のめり込んで行くんですよ。翌年から『UMB』の全国大会がはじまって、当然エントリー。水戸予選に出たんですけど、そこでまたDOTAMAに会ったり、TKda黒ぶちにも会ったりしました。そこで負けて悔しいから、仙台予選に行ったらやっぱりTKがいたりして。

それ以来、『UMB』の予選には出続けてて、6年後の2011年にやっと群馬も本予選になって、僕もようやく優勝して本戦に行くんです。そしたら本戦でいきなり準優勝できたんですよ。その年の『UMB』は、今思うとめちゃくちゃ豪華な面々でした。僕、晋平太、それに呂布カルマがいて、輪入道がいて、DOTAMAがいて、CIMAがいて。今後キーマンになるような奴がみんなそこにいましたね。

それ以降も『UMB』ではなかなか優勝できず、5年後の2016年に「今年勝てなければ、もう『UMB』には出ない」と決めました。そしたら、そこでようやく優勝できた。1回戦はDOTAMAでした。DOTAMAとは、同じ年に日比谷野外音楽堂でやった『SUMMER BOMB』のエキシビションで戦ったんです。そこで俺は負けて、その次に初めて『フリースタイルダンジョン』に出るんだけど、そこでもDOTAMAに負けていて…。ようやく因縁の相手に勝って、優勝できた。それが僕の『UMB』の歩みですね。

MCバトルは優勝しないとお金にならないし、常に戦い続けるから結構大変なんですよ。続けるうちに戦う相手とも仲良くなっているので、バトルしても言うことがなくなってくる。知ってる人に思ってもいない言葉を吐いて勝つのって、やっぱりしんどいです。

それでも続けているのは、やっぱりMCバトルが単純に好きだから。制限時間内に二人で何か面白いことをやってください、時間が来たら強制的に終了ですよってルールで、短い時間内で、瞬間的に何かをパッと生み出すっていうのは、SNSじゃないですけど、今の時代に合ってると思います。だから、僕の需要があるうちは続けていきたい。MCバトルはもう自分の体の一部にもなってますから、いきなり「もうやんねえよ」ともならないと思います。

今、自分は奥さんも子供もいるし、車屋も自営、ラッパーも自営でなんとかやってますから。基本は今のこの形のまま、細々とクリエイティブなことをしていけたらいいかな。たまに音源出して、あとはライブやって。子供はまだ小さいので、子供がお父さんの仕事について認識してくれるまでは、この仕事をやり続けたいなと思っています。

　人にはそれぞれ、人生の時間割があると思うんです。この人は、これを今一生懸命に頑張らないといけない時期、みたいな。今、俺の時間割は、ラップとバトル。色々大変なこともありますけど、この後何もなくなった時に、もしかして今やっていることが助けになってくれるかもしれないし。なので、今、目の前にあることを、目一杯やっていこうかなと思っています。

NAIKA MC DATA

名前	NAIKA MC
生年月日	1983年2月27日
レペゼン	高崎
所属グループ:	『夜行性POSSE』

PROFILE

群馬県出身、数々のベストバウトを繰り広げてきたラッパー。2016年に『UMB』で優勝して一気にプロップスを獲得。バトルでの活躍はもとより、音源の評価も非常に高い。群馬のヒップホップクルー『夜行性POSSE』のメンバー。『フリースタイルダンジョン』団体戦で3度登場。

音源略歴

2013年	アルバム『THE TALK MAN SHOW』
2017年	アルバム『犬、走る』

バトル略歴

2011年	UMB 2011 本戦 準優勝
2012年	UMB 2012 本戦 ベスト4
2012年	SPOT LIGHT 2012 ベスト8
2013年	THE 罵倒 2013 ベスト4
2015年	UMB 2015 本戦 ベスト8
2015年	戦極MCBATTLE 第13章 優勝
2016年	UMB 2016 本戦 優勝

赤貧の少年がヒップホップドリームを実現 裂固

岐阜市のクルー『HIKIGANE SOUND』

『高校生RAP選手権』で優勝して檜舞台へ

『高校生RAP選手権』に優勝し『フリースタイルダンジョン』2代目モンスターになった若きラッパー裂固。家庭の事情で高校に行けず、毎日働きながら週末のクラブ遊びだけが生き甲斐だった10代今や誰もが知る若手有望MCとなった彼のあまりにも無垢な言葉を聞くべし。

平日は寿司店で働き週末のクラブが唯一の居場所

僕、生まれは岐阜の揖斐川町っていうところなんですけど、小学校の低学年くらいからオトンが調子悪くなって、中学校の時にオトンとオカンが離婚して僕は母方の方に行ったんですよ。その時オカンと僕と姉貴と妹の4人で住んでて。結構切り詰めて生活をしてたもんで、高校行ける余裕がなかったんです。一番苦しい時期が僕の高校行かないかん時と重なって。それで高校行かないって決めて働くようになったんですよ。そのタイミングでヒップホップと出合ったから、結構それでずぶずぶはまっていった感じですね。

それまでも友達がヒップホップが好

高校は行かないと決めて毎日がむしゃらに働いた

きな子が多かったもんで、聴いてはいたんすけど。やる側っていう気持ちでは全然なくて。中学校の時の友達が、卒業してラッパーデビューするっていう時に僕が応援で行ったんですよ。今、僕が入っている『HIKIGANE SOUND』っていうクルーがやってるイベントなんですけど。そこに輪入（輪入道）さんが来てて。バトルじゃなくてライブなんです。

そこで普通に『HIKIGANE SOUND』のライブとか、輪入さんのライブを見て、それでぶっちゃけ働く以外やることもなかったから、ラップやってみたいなって思ったんです。そこから友達と一緒にリリックを書いたり、曲を作ったりっていうのをはじめた感じですね。

僕が、しょっぱな聴いたヒップホップは般若さんでした。『やっちゃった』とか、それこそ『RHYMESTER』とか『鬼』とか『MSC』とかですね。

ぶっちゃけ、クラブ自体もめっちゃ怖いっていうイメージがあって。なので自分が本当にやる側にまわるとは思ってなかったんですけど。友達に『YouTube』で拾ってきた音とかでもいいし、とりあえず歌詞書いて、歌ったらもうラッパーだから、みたいなことを言われたんです。全然それなら余裕やんってなって、じゃあ、やってみようってはじめた感じですね。

それで『高校生RAP選手権』とかも見て、フリースタイルもはじめて、友達とやるようになったりしたんすよ。

途中から先輩伝いとかにライブをさせてもらう機会とかがあって、ステージで歌うようにもなりましたね。『HIKIGANE SOUND』の人たちに拾ってもらって、そこからレコーディングもするようになりました。『HIKIGANE SOUND』は岐阜市なんす

『HIKIGANE SOUND』

よ。柳ヶ瀬っていうところに『ｃｌｕｂ ＢＬＯＣＫ』いう箱があって、そこが初めて行った箱で、ずっと今もそこでやってるんですよ。クルーも結構います。めっちゃクラブがあるわけじゃないから、みんな同じ場所を共有してやってるっていう感じですね。だから、クルー同士もめっちゃ仲良い。岐阜は大体クラブ行ったらみんな知り合いみたいな感じっすね。

サイファーは、4～5年くらいやってて。ラッパーでステージで歌うようになってから同級生の友達とか、一緒にやってた同世代の子らと地元の大垣駅っていうところで『大垣サイファー』っていうのをずっとやってます。

僕と友達2人ではじめて、最初は4～5人とかでずっとやってるって感じでした。今は忙しくなってできなくなっちゃったんですけど、僕が『高校生ＲＡＰ選手権』とかで優勝したりして、50人くらい来た時もありました。

本当にそこからは、大体20～30人来てくれるみたいなデカいサイファーになったんですよ。

ライブも今は、毎週のようにやってますね。歌うっていう経験は全然できるんすけど、お客さん自体がぶっちゃけ、隣の名古屋に流れてる感じは昔からあって。僕らとしては岐阜のお客さんをどう岐阜に留めるかを考えて、イベントをやったりしてますね。でも、やっぱり僕より下のラッパーがあんまりいないんですよ。気軽に入って来られるシーンではないかもしれないすけど、まとまってる分、外から入りにくいんですよね。ぶっちゃけほんと僕も22歳なんで、もうそろそろ後輩欲しいな、って思ってます。

ラップはじめて2年ぐらいでちょっと自分のフリースタイルに自信がついてきて、それでエントリーしたんすけど2回落ちて。その後に『高校生ＲＡＰ選手権』に優勝したんすよ。最後のチャンスで受かることができた。それで地元の人らがほんとに祝福してくれて「お前すげえぞ、マジでやべえぞ。そこマジで狙っていけ」みたいな。それで、当日までめっちゃイメトレして、優勝したときも地元の人がめっちゃ喜んでくれましたね。

ラップをはじめるまでは音楽は全くやってなかったっすね。多分音楽の才能は全くなかったと思うんです。家庭でも音楽を聴く人がいなかったから。

けど、なんか表現したいっていうのはめっちゃあって。でも、そういう手段がいっぱいある中、ラップが一番手っとり早かったっていうか。何やるにも、例えば野球やるにも道具いるし、スポーツだったら全般そうだし、ヒップホップ以外の音楽でもギターとか買わなきゃいけないし。

そういうのがラップはなかったから、はじめるのにハードルが低かった。さくっとはじめられて、その中で自分の言いたいこととかも言えるし、結構内気な性格だったから、ラップ、ビートの上で自分を表現していくっていうのが結構楽しくてハマったんですよね。

輪入道との出会いが人生を変えた

僕は勉強もからっきしだったし、スポーツも全然できなかったから、小さい頃から主人公気質の人生に憧れてて、自分も輝きたいっていうのがありましたね。

そういう意味では、輪入さんはホントにでかかったです。特に僕がはじめて見た時の輪入さんはめっちゃイケイケやったっす。ラップって元々貧乏だったり、結構そういうマイナスを逆転させてるっていう感じがあって、これなら僕もできるかもって思いましたね。輪入さんみたいな不良キャラでもなかったんだけど、そういうマイナスをプラスにできるんだっていう何か衝動みたいなものをもらって、心を動かされたんだと思うんすよ。

状況的にいうと、やんちゃな方向に行くこともできたかもしれないんだけど、そういう根性は本当になくて、もっというと、やんちゃな奴らもスキルさえあれば、ぶっちゃけバトルなら戦えるんで。そういう面白さもありました。輪入さんも内容は、やんちゃを売りにしてるっていうよりは、それを逆転させて生きるっていうか、自分はこういう人間で落ちこぼれだけど、ストリートだったらスポットライトを当ててくれる人がいて、感謝しているとか、人間味あふれるラップを魅せてくれたんですよ。その言葉遊びの複雑さっていうのにも引かれたんですよ。

そういう意味で、ヒップホップっていい音楽だと思うし、現場に来たら本当にみんな優しい。なんか普通にあいさつしたら「おうおう、裂固おつかれー」みたいな、そういう温かみを現場に行ったら肌で感じられる。みんな音楽大好きだし、普通に週末の居場所としてクラブに通うようになりましたね。

仕事は、元々工場で働いていて、その工場が合わなくて辞めて。友達が誘ってくれた寿司店で働くようになったんです。そこからは休みなしで働きづめでしたね。ぶっちゃけみんな高校に行ってるし、生活を一つ一つこなしてるから、僕も働かなあかんなあっていう気持ちが強くて、休んだりはしなかったですね。結構がむしゃらにやってた感じっす。で、週末はイベントで遊ぶ生活でした。

そんな感じで『高校生RAP』をやって『ダンジョン』のモンスターに誘われた時に、働いてたらできないから、店長に相談したんすよ。3年くらい働いてて店長も凄いよくしてくれてたから、辞めるとか言いづらかったんですけど。メールが来て「お前はもうこんなところでくすぶっとったらあかんで、こんなところを辞めて羽ばたいていけ」みたいに貰って。ぐあー、マジ涙出そうになるくらい嬉しくて。そこからは今のところ音楽一本でやれてますね。

『高校生RAP』優勝した直後にEPを出して、それは速攻1500枚売れて、順調に来てる流れで『ダンジョン』に誘ってもらったから。勝負時だなって思ったのもあるっすね。将来はどうなるかわかんないすけど。今はがむしゃらにやっていい時期かな、みたいにやってます。

輪入さんとバトルするのは格別って

いうか……輪入さんもほんと男だから、僕が及び腰になったらだめだなっていうのは絶対あるし、憧れだからやっぱり勝ちたいし。

　僕は3回戦ってて2回負けてるんですけど、負けてる2回は『ダンジョン』で、本当に勝てねぇってなっちゃうっていうか。虎が出てきたみたいな（笑）。オーラがめっちゃ凄いんすよ。対峙してみるとやっぱりこの人すげぇってなるっていうか。最初はじめたときのインパクトを思い出すっすね。

　あの人と戦うとやっぱ、負けてるから特にそうなんすけど、やっぱりがんばらなあかんなってなるっていうか。この人はあぐらかく人じゃないから、ずっと挑戦し続けたりずっと戦い続けてるから、あぐらかくわけにはいかないなって毎回思うっていうか。特別な人って感じっす。

R-指定さんvs般若さんのラスボスバトルは凄かった

　モンスターは、やっぱりチャレンジャーやるのとは全然違ったっすね。いつも通りバトルすればモンスターでも同じでしょって思ってたんですけど。そのスタンスの違いでここまでやりづらくなるとは思わんかったっていうくらい。チャレンジャーやったら突っ込めばいいけど、モンスターはある程度余裕を見せなくちゃいけないし。僕は根っから反骨精神でここまで来てるみたいな感じだから、ちょっと上から目線みたいなノリっていうのが難しくて。チャレンジャーで来る人もモンスターみたいな人ばっかりだから、そういう人たちとの戦いの中で苦悩したっていうか。安定してかます先輩方に刺激を受けたし、FORKさんとか呂布カルマさんとかすさまじかったから。学んだことはめっちゃ多かったっすね。

　『ダンジョン』にモンスターで出てる時とかは、やっぱり地元を背負ってじゃないですけど『HIKIGANE SOUND』を僕が背負ってっていう気持ちがラップに乗っかってくるようになってから色も出せるようになったし、遠慮しなくなりましたね。

　でも、バトルばっかりやってるとすり

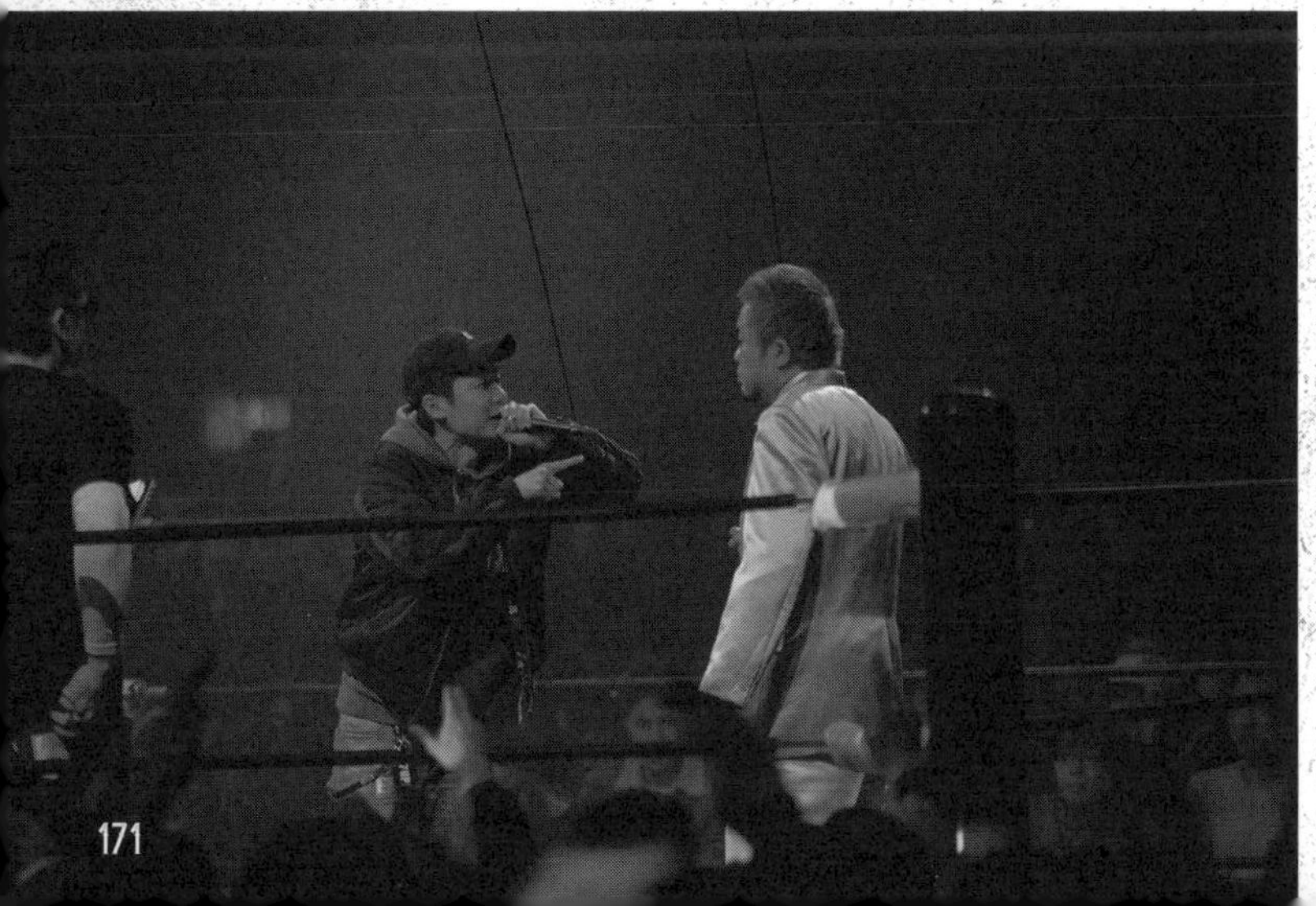

減りますよ。僕は本当そういうタイプっていうか。一回一回のバトルですごい憂鬱になるんですよね。『ダンジョン』もそうだし、デカいバトルもそうだけど、勝たなくちゃいけない立場っていうのにナーバスになるんですよ。

バトルの時は相手をめっちゃ研究するっすね。心構えはめっちゃ作っていくっす。その場でかませればいいけど、『ダンジョン』は誰が来るかわかってるから、知らない人とかは、バトルも動画で見るし、その人がどういう環境に置かれてるとか、お客さんが何を言ってほしいかとか、やっぱそういうのは効果的になるワードで攻めたほうが勝てますからね。

でも、R-指定さん、漢さんとかは分析しても勝てないだろうな〜、分析っていうレベルじゃ勝てない。R-指定さんとか分析タイプのはずやと思うんです。でも、般若さんとの『ダンジョン』の引退試合を目の前で見てたんすよ。ラスボスになることはR-指定さんは知ってたと思うんですけど、バトルすることは知らなかったと思うんですよ。

僕の隣にR-指定さんがいて、般若さんが「R-指定くん」って言った時に、R-指定さんが「えっ」っていう顔してて、何も聞かされてないまま今から般若さんとバトルするのかって。

だから、般若さんは仕上げてきてたと思うんですけど、R-指定さんはほんまにドッキリやと思う。でも、めっちゃよかったっすね。そこも含めてめっちゃ感動して。うわあR-指定さんすげえ、般若さんもめっちゃカッコよかった。お客さんの沸き方も会場がひとつになって、一言一句絶対に聞き逃さん、っていう感じでしたね。

ただ勝つんじゃなくて、どう勝つのが面白いかまで多分考えてるんですよ。勝つために手段を選ばない人っていると思うけど、それも強さの一つだと思うし、間違いではないけど、カッコいい勝ち方っていうのをR-指定さんは常にしてるから。そういう面でいうと呂布カルマさんもそうですね。ダサい勝ち方はしない。毎回正々堂々とぶったおしてますね。

これからの話をざっくり言うと岐阜をめっちゃ盛り上げたい。岐阜のヒップホップシーンをもっと活性化したいですね。そのためには自分が上がるのが一番手っ取り早いし、バトルとか勝負時になったらガンガン出て行こうかなと思ってるっす。まだまだどこにもたどり着いてないから。がむしゃらに行こうと思ってます。

地元に僕のクルーの仲間がやってる『口喧嘩祭』っていうバトルがあって『KOK』の枠ももらえたりとかして盛り上がってるんで、そっちを盛り上げたいって感じっすね。全国から有名ゲストも呼んでて、お客さんも喜んでくれてるんすよ。僕、今イベントを岐阜で打ってるんですけど『ダンジョン』とかもそうだけど今旬の子をどんどん岐阜に呼びたいっすね。

音源に関してはソロアルバムを製作中っすね。もう4〜5曲できたら出せるんで、日付は決まってないすけど、頑張って作ってます。

裂固 DATA

名前	裂固
生年月日	1997年6月24日
レペゼン	岐阜
所属レーベル	『HIKIGANE SOUND』

PROFILE

15才の時に岐阜のクラブで見た輪入道に影響を受けてラップをはじめる。『第9回高校生RAP選手権』に優勝。『SCHOOL OF RAP U20 GRAND CHAMPIONSHIP』『SPOTLIGHT 2016』で、2冠を達成し一気にその名を知られることになる。家庭の事情で高校に行くことができず、仕事をしながらラッパー活動をしていた。『フリースタイルダンジョン』2代目モンスター。1stEP『AUTOMATICFUN』は1500枚が即完売したという逸話がある。

音源略歴

2016年	EP『AUTOMATIC FUN』
2018年	アルバム『TIGHT』

バトル略歴

2015年	DYNAMIC.I.C MCバトルvol.6 優勝
2016年	第9回高校生RAP選手権 優勝
2016年	SCHOOL OF RAP 2016 GRAND CHAMPIONSHIP 優勝
2016年	SPOT LIGHT 2016 優勝
2017年	KMB（小倉MCBATTLE vol.5） 優勝
2018年	KMB（小倉MCBATTLE vol.7） 優勝
2019年	UMB 2019 岐阜予選 優勝

MCバトル参戦ラッパー紹介

日本全国各地のバトルモンスターたち

名前	MU-TON
生年月日	1995年
レペゼン	福島
所属グループ	TRI MUG`s CARTEL

PROFILE

福島県白河市生まれのラッパー。独特のグルーヴ感溢れる多彩なフロウ、音楽性に富んだライミングで唯一無二なスタイルが高く評価される。『MVP RECORDS』所属。『フリースタイルダンジョン』4th seasonに出場し、2人を倒して賞金を獲得し辞退するという徹底したリアリストぶりが話題となった。『フリースタイルダンジョンMonsters War 2017』優勝。

バトル略歴

2017年	UMB THE CHOICE IS YOURS 2017 ベスト4
2018年	戦極MCBATTLE第18章 ベスト4
2018年	UMB GRAND CHAMPIONSHIP 2018 優勝
2018年	KING OF KINGS 2018 FINAL ベスト8
2019年	戦極MCBATTLE 第19章 優勝

音源略歴

2018年 アルバム『RIPCREAM』

名前	スナフキン
生年月日	1987年
レペゼン	熊谷 HOT TOWN HOMIE

PROFILE

元はダンスを志していたが不慮の事故により断念し、現在はラッパーとなった数少ないリアルB-BOY。2012年前後から各地の大会で活躍。激しいディスよりも巧みなフロウと的確な押韻を得意とし、オーディエンスを沸かせる。2017年、歴史ある『B BOY PARK』最後の大会で優勝し名実ともにB-BOY championとなる。『フリースタイルダンジョン』2nd season3人抜きを達成。

バトル略歴

2012年	ADRENALINE MC BATTLE 2012優勝
2013年	B BOY PARK MC BATTLE 2013優勝
2014年	UMB2014埼玉予選 優勝
2016 年、2017年、2018年	MC BATTLE THE罵倒CYPHER 優勝
2017年	B BOY PARK MC BATTLE 2017優勝
2017年	AsONE RAP TAG MATCH 2017 優勝
2019年	UMB2019東京予選 優勝

音源略歴

2012年	EP『welcome to bedtown ep』
2013年	EP『N.V.P ep vol.1』
2014年	EP『N.V.P ep vol.2』
2016年	EP『welcome to bedtown ep 2 』
2018年	EP『443 ep』

名前	黄猿
生年月日	1989年
レペゼン	東京下町

PROFILE

東京の下町出身。16才からラップを始める。酒焼けの声とレイドバックしたフロウ、12年以上熟成された確かなラップスキルの持ち主。スタイルはブーム・バップ。2012年の『戦極MCBATTLE』での優勝をはじめ、数多くのMCバトルに出場し好成績を残す。『フリースタイルダンジョン』にチャレンジャーとして3度挑戦。2020年には2ndアルバムをリリース予定。

バトル略歴

2012年	戦極MCBATTLE第2章 優勝
2012年	THE 罵倒2012 GRAND CHAMPIONSHIP ベスト4
2013年	B BOY PARK MC BATTLE 準優勝
2016年	B BOY PARK MC BATTLE 準優勝
2017年	KING OF KINGS 2017 FINAL ベスト8
2018年	THE 罵倒2018 GRAND CHAMPIONSHIP ベスト4

音源略歴

2019年 アルバム『Enta Da Downtown』

名前	peko
生年月日	非公開
レペゼン	大阪
所属グループ	黒衣、高槻POSSE、梅田サイファー、SOUL BROTHA

PROFILE

兵庫県出身のMC、DJ、Trackmaker。ソロ、グループ共に幅広いフィールドで活動。『フリースタイルダンジョン』4th seasonではチャレンジャーとして2代目モンスターの4人抜きを果たし、ラスボス・般若に挑むが惜しくも敗退した。

バトル略歴

2010年　SPOT LIGHT 2010 優勝

2016年　戦極MCBATTLE 第15章 ベスト4

2014年　SPOT LIGHT 2014 ベスト4

音源略歴

2018年　ミニアルバム『Over Night』黒衣名義

2018年　アルバム『P.O.P』　高槻POSSE名義

2019年　アルバム『NEVER GET OLD』梅田サイファー名義

2019年　EP『トラボルタカスタム』梅田サイファー名義

名前	JAG-ME
生年月日	1980年5月5日
レペゼン	福島　白河
所属グループ	WARPMAN

PROFILE

数多の名勝負を重ねてきた福島白河の雄。日本人離れしたリズミカルでグルービーなフロウと踏みまくる押韻でオーディエンスを虜にする。福島白河のヒップホップシーンを大きく変えたベテランMC。

バトル略歴

2007年	UMB GRAND CHAMPIONSHIP 2007 ベスト4
2010年	UMB GRAND CHAMPIONSHIP 2010 ベスト8
2013年	UMB GRAND CHAMPIONSHIP 2013 ベスト4
2015年	KING OF KINGS 2015 FINAL 準優勝

音源略歴

2012年	アルバム『GERBERA』THE GERBERA名義
2017年	EP『WAWAWA』WARPMAN名義

名前	D.D.S
生年月日	1984年
レペゼン	沖縄
所属グループ	N.E.N

PROFILE

沖縄出身ならではのグルービーなフロウとDopeなリリックが特徴。MULBEとともに『N.E.N』としても活動している。『フリースタイルダンジョン』1st seasonに出演。AbemaTV『HIPHOPチャンネル』にて毎週木曜日レギュラー出演中。

バトル略歴

2010年	UMB GRAND CHAMPIONSHIP 2010ベスト4
2012年	戦極MCBATTLE第3章 ベスト4
2013年	16万円争奪MCバトル 2013優勝
2018年	KING OF KINGS 2018 FINAL ベスト8
2019年	UMB 2019 THE CHOICE IS YOURS ベスト8

音源略歴

2010年	シングル『THE MESSAGE』
2015年	アルバム『N.E.N』N.E.N名義
2019年	シングル『WHAT YOU KNOW ABOUT ME?』

名前	SURRY
生年月日	1986年
レペゼン	和歌山
所属グループ	KINOKUNI

PROFILE

和歌山 86's G.B.city Rapper 0738。全国各地の誰もが認める和歌山を代表するMC。『KSC RECORDS』主宰。また ビートメイカーとして「TB crane」という別名もある。HIPHOP ICON SHOP「Banguard」を地元に構える。『フリースタイルダンジョン』2度出場。

バトル略歴

2012年	SPOTLIGHT 2012 優勝
2012年	戦極MCBATTLE第2章ベスト4
2014年	口喧嘩祭 2014 優勝
2014年	UMB GRAND CHAMPIONSHIP 2014 ベスト8
2016年	KING OF KINGS 2016 FINAL ベスト8

音源略歴

2015年	アルバム『GRAND Bulled』
2017年	アルバム『Notice』
2018年	EP「ESPECIALLY」SURRY&MARBLUE名義

名前	NONKEY
生年月日	1979年7月20日
レペゼン	神奈川
所属グループ	村一揆 LIFE EARTH

PROFILE

現場力、ライブに定評があり「横浜No.1パーティロッカー」の異名を持つMCとして横浜を拠点に活動。ヒップホップだけではなく、REGGAEシーンや横浜山下公園芸術祭などBIGイベントの司会としても活躍する特異なラッパー。「ゴッドタン～マジ歌選手権～」や「ももクロChan」などTV出演あり。さらにAbema TVではAbemaMix MondayのMC、NEWS RAP JAPANの中継ラポーターを担当。『フリースタイルダンジョン』2nd seasonに参戦。

バトル略歴

2009年	UMB GRAND CHAMPIONSHIP 2009 準優勝
2011年	ラバダブトーナメントFLEX CUP2011優勝
2012年	THE 罵倒MCバトル 2012ベスト8
2014年	ROAD TO 横浜レゲエ祭2014決勝進出
2015年	Red Bull Energy Drink THE SUMMER EDITION #トロピカるラップコンテスト2015 優勝
2015年	KING OF KINGS 2015FINAL ベスト16

音源略歴

2017年　シングル『ハッピーエンド』NONKEY&DJ CAN 名義

名前	SAM
生年月日	1994年11月15日
レペゼン	栃木

PROFILE

着実に韻を踏むスタイルで、バトルに勝ち続ける若手ラッパー。『戦極』で優勝し、今最も期待される20代の若手バトルMCのひとり。その若さにもかかわらず、渋くブレない韻を踏むことで知られる。同世代の盟友、『フリースタイルダンジョン』3代目モンスター・IDとの楽曲を配信。『フリースタイルダンジョン』4〜5th season出演。

バトル略歴

2016年	UMB 2016 栃木予選優勝
2018年	UMB GRAND CHAMPIONSHIP 2018 ベスト8
2019年	戦極CROSSOVER Ⅳ AsONE×戦極MCBATTLE 優勝
2019年	戦極MCBATTLE第20章 優勝
2019年	凱旋MCバトル東西選抜秋ノ陣2019 優勝

音源略歴

2017年	EP『castle』
2018年	EP『clear』
2019年	YouTube配信『TRUTH feat ID』

名前	焚巻
生年月日	1989年12月21日
レペゼン	埼玉
所属グループ	NewJackSkillz

PROFILE

14歳でMICを握りLIVE活動を開始。19歳の時に池袋『BED』で行われていた『3on3 MC BATTLE』で異例の9人抜き優勝を果たした。鋭角でリズミカルな高速ラップに定評がある。2015年の『フリースタイルダンジョン』では漢やR-指定をクリティカルで下し、史上初めてラスボス・般若までたどり着いた挑戦者として話題を呼ぶ。現在は池袋に根を張るHUMANMUSICに所属。

バトル略歴

2010年	3on3 MC BATTLE 2010年 優勝
2010年	MC BATTLE ROYAL～夏の陣2010～ 優勝
2011年	MC BATTLE REBELLION 2011年 優勝
2014年	大粒FIGHT2014年 優勝
2016年	灼熱MC BATTLE 2016年 優勝

音源略歴

2008年	アルバム「JACKPOT ROCKERS」JACKPOT ROCKERS名義
2013年	12inchアナログ「BLACK SUN」NewJackSkillz名義
2016年	MIXCD『HUMANRA-DIO-nodus mix-』焚巻×DJ PENNY名義
2017年	アルバム『Life is Wonder』
2018年	アルバム『ONEDAY ONETIME』
2019年	アルバム『Humanity』Humanity(COMA-CHI&RITTO&焚巻)名義

名前	句潤
生年月日	1984年
レペゼン	横浜
所属グループ	MEATERS

PROFILE

横浜生まれBBQ育ちの変態HIPHOPバンド『MEATERS』のラップ担当。『さんピンCAMP』に刺激を受け、高校3年生でラップを始める。歌うような独特のフロウに定評があり、メロディアスにラップしながらもしっかりアンサーできる数少ないMCのひとり。『フリースタイルダンジョン』には2nd、4th seasonにチャレンジャーとして出演。

バトル略歴

2015年	UMB GRAND CHAMPIONSHIP 2015 ベスト8
2017年	UMB THE CHOICE IS YOURS 2017 ベスト4
2017年	KING OF KINGS 2017 FINAL ベスト8
2018年	UMB 2018 THE CHOICE IS YOURS 優勝

音源略歴

2012年	アルバム『未完の情景』
2016年	アルバム『秋雨の宴』

名前	PONEY
生年月日	非公開
レペゼン	山梨

PROFILE

2000年中盤からMC / ラッパーとして活躍。現在もバトルに参戦し続け、結果を出しているベテランMC。2019年1月、MCネームを「PONY」から「PONEY」に改名。令和以降、毎月シングルをリリース。YouTube『ナイスパニック』チャンネルにて『フリースタイルdiary』を展開、フリースタイル動画を平日に毎日配信している現代型のラッパー。『フリースタイルダンジョン』にはチャレンジャーとして1st seasonより出場している。

バトル略歴

2009年	UMB GRAND CHAMPIONSHIP 2009 ベスト16
2011年	B BOY PARK MC BATTLE 2011 冬の陣 優勝
2015年	戦極MCBATTLE 第12章 ベスト8
2016年	戦極MCBATTLE 第15章 ベスト8
2017年	KING OF KINGS 2017 FINAL ベスト16
2018年	KING OF KINGS 2018 FINAL ベスト16

音源略歴

2010年	アルバム『Verseday』
2013年	アルバム『ポニーピー’』
2014年	EP『PONY EP』
2016年	EP『ちょっと話がある』
	PONEY毎月シングル配信シリーズ
	①any time ready / PONEY
	②MIND GAME / ID × PONEY
	③NewDay / PONEY × U-mallow
	④manatoへ / PONEY
	⑤CTW / PONEY × YUNGYU
	⑥day by day / PONEY × REUKI
	⑦雨降ラス時 / PONEY（2019年11月現在）

2020年、PONEYとしての1st ALBUM「GYUCHAN」をリリース予定

名前	T-TANGG
生年月日	1996年5月17日
レペゼン	鎌倉

PROFILE

ラップを始めたきっかけはエミネムの映画『8 Mile』。最近の若手バトルMCとしては珍しいハードコアなラップをするMC。熱いヴァイブスで、時にコンプラワード全開にディスりまくるスタイルでファンを熱狂させる。…と思いきや、空気を読んで知的に韻を踏むことも。『フリースタイルダンジョン』には5th seasonに出場。

バトル略歴

2017年	School of Rap 2017 優勝
2017年	凱旋MCバトル vol.1 準優勝
2018年	U-22 MCバトル2018 準優勝
2018年	戦極CROSSOVER Ⅱ 優勝

音源略歴

2018年 『ONE MINUTE file52』

名前	MC松島
生年月日	1987年12月23日
レペゼン	北海道
所属グループ	Refugeecamp

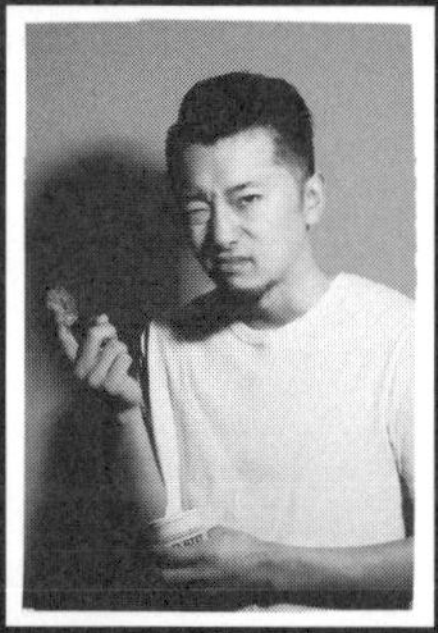

PROFILE

自称IQ200の天才。漫画家や映画監督としても活動している独特の感性のラッパー。2013年に発表した『B.M.K.D』(バトルMCは曲がダサい)はMCバトルヘッズに賛否両論を巻き起こした。レーベル『トウキョウトガリネズミ』を主宰。新たな才能を見出し、彼らに活動の場を提供している。『フリースタイルダンジョン』4th season参戦。2019年『わがままギャング』というギャング団を結成し、アートや慈善活動を行なっている。

バトル略歴

2014年	戦極MCBATTLE 第9章 ベスト4
2014年	UMB GRAND CHAMPIONSHIP 2014 ベスト8
2018年	UMB GRAND CHAMPIONSHIP 2018 ベスト8

音源略歴

2016年	アルバム『She's a hero』
2018年	アルバム『hospes』
2018年	アルバム『geranium』
2019年	アルバム『小旅行』MC松島&LOUD-K名義
2020年	シングル『わがままタイランド』MEK&MC松島名義

名前	HARDY
生年月日	2000年9月23日
レペゼン	大阪

PROFILE

大阪府西成出身の若手ラッパー。14歳の時に兄の影響でラップを始める。『高校生RAP選手権』第11回から6大会連続で出場し、毎回優勝候補とされながら、4回目の挑戦となる『第14回高校生RAP選手権』で初優勝を飾る。『フリースタイルダンジョン』には5th seasonに出場。現在は、大阪西心斎橋アメリカ村にある『一二三屋』で経験を積みながらラップをしている。

バトル略歴

2017年	第11回高校生RAP選手権 ベスト16
2017年	戦極MCBATTLE 第16章 ベスト8
2017年	第12回高校生RAP選手権 ベスト16
2018年	第13回高校生RAP選手権 準優勝
2018年	第14回高校生RAP選手権 優勝
2019年	第15回高校生RAP選手権 ベスト16
2019年	第16回高校生RAP選手権 ベスト4

音源略歴

2017年	シングル『Normal day』
2017年	EP『After Kissin』

名前	ハハノシキュウ
生年月日	非公開
レペゼン	青森県弘前市

PROFILE

8×8=49という謎のキャップを被り、顔を長い髪で隠してバトルするナードラッパー。8×8=49の意味は「計算より15足りないくらいが人生」とのこと。大きな大会での優勝はないものの、その特異なサイコキャラで見るものに鮮烈な印象を与えている。『フリースタイルダンジョン』4th season参戦。ラッパー以外にもライター、作詞家、コラムニストなどの顔を持つ。2019年に『ワールド・イズ・ユアーズ』で小説家デビュー。

バトル略歴

2013年	戦極MCBATTLE第7章 ベスト8
2014年	戦極MCBATTLE第10章 ベスト4
2018年	戦極MCBATTLE第17章 ベスト4
2019年	戦極MCBATTLE 第20章 東北&北海道予選 優勝

音源略歴

2012年	アルバム『リップクリームを絶対になくさない方法』
2016年	シングル『おはようクロニクル』
2017年	アルバム『ヴェルトシュメルツ』
2019年	EP『小説家になろう』
2019年	シングル『懐祭り』
2019年	シングル『顔』
2019年	EP『鼠穴』

名前	Dragon One
生年月日	1988年8月6日
レペゼン	横浜

PROFILE

数々のバトルで好成績を残している、押韻スタイルが特徴のMC。『フリースタイルダンジョン』1st season第1回目のチャレンジャー。2016年に開催された『フリースタイルダンジョン特別編 Monsters War』ではDOTAMA TEAMで優勝を果たす。『ダンジョン』の隠れモンスターとしても登場。

バトル略歴

2013年	UMB 2013 横浜予選 優勝
2016年	戦極MCBATTLE第15章 ベスト8
2017年	KING OF KINGS 2017 FINAL ベスト16
2018年	SPOTLIGHT 2018 ベスト16

音源略歴

2014年	アルバム『FORTIS』
2016年	シングル『虹』
2016年	アルバム『掌ノ蕾。』

名前	ミステリオ
生年月日	1995年11月11日
レペゼン	大阪
所属グループ	NewJackSkillz

PROFILE

大阪生まれの若きお笑いラッパー。フロウやビート感よりも特異な笑いネタでオーディエンスを惹きつける。そのセンスは音源にも反映され「パンチライン生まれパンチライン育ち」「俺のじいちゃんバラクオバマ」などまさに巧妙なパンチラインマスターである。『フリースタイルダンジョン』5th season2度出演。

バトル略歴

2017年	SCHOOL OF RAP vol.3 U20 MC BATTLE ベスト4
2018年	戦極MCBATTLE 第17章 ベスト8
2018年	SPOT LIGHT 2018 ベスト8

音源略歴

2019年　アルバム『ライフイズギャグ』

名前	押忍マン
生年月日	1984年5月28日
レペゼン	大分
所属グループ	GAZAGORillA

PROFILE

時折関西弁が混じる攻撃的なフロウと押韻で数多のバトルに参戦。ドラゴンボールをはじめとする漫画や有名人をもじったパンチラインを繰り出す。『フリースタイルダンジョン』にチャレンジャーとして2度出演のほか、団体戦である「Monsters War」などにも登場。RINO LATINA Ⅱが経営する焼鳥店『鳥居亭』で働いていた。現在は夢に向かって精進中。『Nextory』主宰。

バトル略歴

2015年	MC BATTLE THE罵倒2015 池袋予選 優勝
2015年	KING OF KINGS 2015 FINAL ベスト8
2016年	ENTA DA STAGE MCバトル2016 優勝
2016年	KING OF KINGS 2016 FINAL ベスト16

音源略歴

2014年	EP『GAZAGORillA EP』GAZAGORillA名義
2014年	アルバム『押忍matic』
2016年	アルバム『押忍マン vs NEZUMI』
2018年	アルバム『Nextory』

名前	智大
生年月日	非公開
レペゼン	福岡
所属グループ	PRIDE MONSTER FAMILIA／座敷屋

PROFILE

九州は福岡親不孝通りで長きに渡り活動するハスキーボイスのラッパー。2008年から現在に至るまでコンスタントにバトルで勝っている類稀なる才能のILLなラップモンスター。音源においてもそのオリジナリティ溢れるイルワールド全開!

バトル略歴

2008年	UMB GRAND CHAMPIONSHIP 2008 ベスト16
2010年	UMB GRAND CHAMPIONSHIP 2010 ベスト16
2018年	KING OF KINGS 2018 FINAL ベスト8

音源略歴

2013年	アルバム『座敷屋』座敷屋名義
2018年	アルバム『弐枚目』

名前	梵頭
生年月日	1985年9月16日
レペゼン	岐阜
所属グループ	HIKIGANE SOUND

PROFILE

岐阜のヒップホップグループ『HIKIGANE SOUND』リーダー。HIPHOP=LIFE STYLEという方程式を体現し続けるアティテュードが、説得力のあるリリックを生み出し、聞く者に鮮烈な印象を与えている。2度の服役や指名手配犯であった父のことなどドープな経験にライムを絡めて吐き出す1985年式ラップモンスター。

バトル略歴

2018年	UMB 2018 岐阜予選優勝
2019年	UMB 2019 愛知予選優勝

音源略歴

2018年 アルバム『2007』

名前	歩歩
生年月日	1983年4月20日
レペゼン	京都
所属グループ	ザストロングパンタロンズX

PROFILE

世界初!!　京都発進コミックHIPHOP BAND“ザストロングパンタロンX”のMC。第65代北斗神拳伝承者候補。ひたすらお馬鹿なフロウと強烈なパンチラインで各地のバトルに参戦。『フリースタイルダンジョン』3th、4th、6th seasonに登場。ほかNEST KYOTOでRAP科の講師として活動中。アタタタターッ!!　おまえらはもう楽しんでいる

バトル略歴

2013年	UMB 2013 京都予選優勝
2014年	UMB 2014 大阪予選準優勝
2018年	戦極MCBATTLE第17章 関西予選優勝
2018年	韻踏合組合主催ENTER2018.4月準優勝

音源略歴

2017年	シングル『庭』 ストロベリーパンティース名義
2017年	シングル『でっかいことを成し遂げるんだ』 ストロベリーパンティース名義
2020年	アルバム発売予定 ザストロングパンタロンX名義

名前	だーひー
生年月日	2000年1月1日
レペゼン	宮崎

PROFILE

実直で純粋無垢な“守る言葉”を武器に戦う10代ラッパー。ポエトリーリーディングという独自のスタイルでラップするストリート系でもナードでもないピュアラップアーチスト。純文学的ラップをかます。

バトル略歴

2017年　第12回高校生RAP選手権 ベスト8
2018年　UMB2018 宮崎予選優勝
2018年　戦極MCBATTLE 第18章 ベスト16
2019年　UMB2019 宮崎予選優勝
2019年　戦極MCBATTLE 第20章ベスト16
2019年　戦極U-22 MCバトル2019準優勝

音源略歴

2019年　アルバム『僕の音日記』
2019年　ミニアルバム『See』

名前	韻マン
生年月日	2001年3月12日
レペゼン	大阪

PROFILE

名前の通り韻を踏んで踏んで踏みまくるライムLOVEMC。長文踏み、語感踏みなどありとあらゆる踏み方が上手くベテランMCも唸らせるほどの実力を持つ。まだ大きな大会での優勝はないが「バトルではなく韻を踏みに来た」という名言をが知れ渡るほどのインパクトのある10代MC。

バトル略歴

2019年　第15回高校生RAP選手権 ベスト4
2019年　第16回高校生RAP選手権 ベスト4

名前	NAGION
生年月日	1978年11月11日
レペゼン	岐阜
所属グループ	Free Dial Foundation

PROFILE

クールなフロウと知的なリリックでバトルでもライブでも活躍し、東海エリアのヒップホップシーンで確固たるポジションを築いているMC。ベテランならではの、渋く味のあるライムで聞く者を魅了する。2009年ごろに結成された岐阜のクルー『Free Dial Foundation』に所属。

バトル略歴

2010年	UMB 2010名古屋予選優勝
2011年	UMB 2011名古屋予選優勝
2015年	KING OF KINGS 2015 東海予選優勝

音源略歴

2010年	EP『RAW QUALITY SAMPLE』 Free Dial Foundation名義
2011年	EP『TAGS OF THE RHYMES』ソロ名義
2017年	アルバム『call』Free Dial Foundation名義

名前	DARK
生年月日	1994年12月30日
レペゼン	福島　白河
所属グループ	UNDER THE MUG's Records KUROKAMI GROW ARMY

PROFILE

多彩で小気味のいいFlowの美しさ、的確なRhymeが魅力のRapper。過去に同地元のRapper、MU-TONと当時のメンバーS-Gと『AURAL TEMPT』というCrewを組んでいた。昨今目覚しく新たな才能が発掘されている福島のMC。

バトル略歴

2018年　KING OF KINGS 2018 FINAL ベスト16

編集後記

今回この本をつくる際に、MCバトルとは何ぞや、ヒップホップとは何ぞや、ということの答えが誰にでも伝わるような本にしたいと考えていた。MCバトルに参戦するラッパーはストリート系に限らず、カルチャーやナード系、普通の真面目なサラリーマン青年もいる。彼らに共通しているのは個々に自分がマイノリティであるという認識がどこかにあるということである。そして、MCバトルはそのマイノリティに基づいて強みを見出し、個性として突出させるほどに勝利につながる。そしてそれこそがヒップホップの本質なのかもしれない。MCバトルを通して見えるヒップホップは、もしかしたら万人の『個』を見出すための最強のツールであるような気がしてならない。(有田)

漢 a.k.a. GAMI 監修 MCバトル全書

第 1 刷　2020年1月10日

監　　修　漢 a.k.a. GAMI

著　　者　有田ハンタ(編集・撮影・執筆)

撮影・編集　新井 塁

デザイン　カワグチトモユキ(シンカ製作所)

発 行 者　田中賢一

発　　行　株式会社東京ニュース通信社
〒104-8415 東京都中央区銀座7-16-3

電　　話　03-6367-8023

発　　売　株式会社講談社
〒112-8001 東京都文京区音羽2-12-21

電　　話　03-5395-3608